歴史文化ライブラリー

26

福沢諭吉と福住正兄

世界と地域の視座

金原左門

吉川弘文館

目次

もう一つの近代──はじめにかえて

神奈川県の西方にそばだつ箱根山塊の稜線が、相模灘（湾）にたたみかけるように落ちこんでいる壮大なそのたたずまいは、わたしが住んでいる二宮町の海岸から見ても、みごとというしかない。この山々の内ぶところから芦ノ湖、仙石原にかけて、いまや、日本国内はもちろんのこと、ひろく海外にもその名を知られている観光と温泉の足柄下郡箱根町が存在している。箱根町は、中世の後北条氏から幕末の大久保氏にいたる居城の地である現在の小田原市と地続きでもある。

箱根の地は、「天下の嶮《けん》」「万丈《ばんじょう》の山」で恐れられ、一目おかれてきた反面、「箱根七湯」、伝統工芸の「箱根細工」で多くの人びとから親しまれてもきた。その畏怖と恵みとが織りなす箱根のすばらしさは、すでに一七世紀の末、長崎出島のオランダ商館付医師として来日したエンゲルベルト・ケンペル（Engelbert Kämpfer 1651-1716）の手で国外に紹介されるほど、それぞれの時の流れのなかで、確実に日本の歴史を刻んできたところにある。というのは、ここではさまざまな人びとが、長年にわたり自然のもたらす恐怖と闘い、開発に挑み、さらに自然との共生の術を身につけ、生活と生産と労働の場から歴史を生み支えてきたからである。

このような事情を背景にして、この本では、箱根町の玄関口にあたる湯本《ゆもと》、塔之沢《とうのさわ》、そしてこの地につながる小田原方面を舞台にすえ、この地域で幕末、明治維新を起点として「近代化」がどう推し進められてきたか、その試みを検証してみることにした。

この作業は、もちろん「近代化」の現実を地域でとらえなおすだけにとどまらない。むしろ、地域での「近代化」の営みをつうじて、明治維新を問いなおし、実際の近代国家づくりと異なる近代の可能性を追求しようとするところに狙いがある。しかも、その立役者が福住正兄《ふくずみまさえ》（一八二四〜九二年）と彼に連なる若々しい実業人（商人層）であり、さらに正兄と交友のあった福沢諭吉《ふくざわゆきち》（一八三四〜一九〇一年）が登場し、この周辺の地の活力ある青年たちにすくなからぬ影響力をあたえたとあっては、「近代化」のもう一つの実像をあ

図1　福沢諭吉（慶応義塾福沢研究センター蔵）

図2　福住正兄（報徳博物館蔵）

かるみに照しだすことにもなる。

本書の主役の一人である福住正兄は、一八五〇年（嘉永三）の暮、湯本村（現箱根町湯本）で代々温泉宿を営んできた福住家に養子にはいり、一〇代目九蔵を襲名し、やがて村《むら》名主《なぬし》となった人物である。福住家は、現在、「万翠楼福住《ばんすいろう》」の名で温泉旅館を経営し、箱根きっての名門を誇っている。その場所は、小田急線・箱根登山鉄道の湯本駅から商店街を抜け、温泉場のバス停を左折し湯本橋の手前からみて斜め右手の早川沿いにある。

福住旅館は、正兄が手がけ一八七七年（明治一〇）、七八年に竣工した金泉楼・万翠楼の擬洋風建築の面影をいまもとどめながら、早川の佳景の地で伝統の重みと風格をただよわせている。ちなみに、この二つの建築は、一九九七年（平成九）の春、国の登録文化財に指定された（『報徳博物館　友の会だより』四五号、一九九七年）。ところで、わたしが、正兄と建物の話をもちだしたのは、正兄がいちはやく洋風建築に着目し、大工の三宅安七をともない東京、横浜で実際に諸建築を見聞して、この建築様式をとりいれた正兄の積極的な姿勢を重視したいからである。正兄は、あらためて説明するまでもなく、尊徳《そんとく》二宮金次郎の高弟の一人で、尊徳の座談をまとめた『二宮翁夜話』の著者としてひろく知られてきた。その正兄は、熱心な報徳《ほうとく》伝道者、実践家であり、国学、和歌に秀いでていて、本来ならば

図３　福住旅館（岩崎宗純氏蔵）

上（幕末期，Ｆ・ベアト撮影）は，川向こうの右手塀囲いの建物が福住．
下（明治20年代の擬洋風建築）は，左が金泉楼，右が万翠楼．

前近代的なモラルの枠を抜け切らないタイプのはずである。にもかかわらず、正兄は「欧化」の世界にとびこんでいった。そこには、つねに「進取」の精神が躍動していたのである。

「報徳・国学」の士である正兄は、自分の歩んできた世界にとらわれないで、未来を見つめ、新しい考え方に挑戦していく見識と行動力を身につけていた。明治初年から、塔之沢、湯本に姿をみせるようになる福沢諭吉が正兄に注目したのは、彼のスケールの大きい発想法と見識、行動力であった。また、正兄の方は、諭吉と意気投合していくにつれ、彼の西欧思想にもとづく学問論、実業、実学の考えかたから強い影響を受けるようになった。

こうして正兄は、二宮尊徳の「報徳訓」の教義の「忠孝」「恩義」を受け継ぎながらも、「西欧」という世界に目を見すえて「文明開化」をうながしつつ、「地域」おこしを推進していったのである。一方、諭吉は、あの『西洋事情 初編』(一八六六年〈慶応二〉)を皮切りに一八七二年(明治五)、『学問のすゝめ』の初編を媒介として同書の一七編(一八七六年)や『文明論之概略』(一八七五年)、さらには、『分権論』(一八七七年)の内容をこの地でそれとなくテストしていたように受けとれるふしがみえる。また、諭吉は、「文明開化」の担い手となり「一身独立」の気力をつくりだす国の「其中間」、すなわち「ミッヅルカラス」（middle class）の実像、いいかえれば日本型中産階級の姿を正兄にもとめていたかのようである。そしてなお、正兄のようなタイプの担い手を多く創出しようと、諭吉は目論んでいたかもしれない。

このようにみてくると、わたしは、福沢諭吉とすでに親交があり、やがて福住正兄とも肝胆相照らす関係になるこの地の足柄県（一八七一〜七六年）知事に就任した柏木忠俊《かしわぎただとし》（一八二四〜七八年）を一枚くわえて証明してみる必要に駆られる。そして、これらの人物の考え方や行動に共鳴する青年群像の足跡の傾向を浮き彫りにし、明治初年の地域からの「近代化」づくりを検証することができれば、そこに、もう一つの近代の軌跡を歴史の文脈に汲みあげていくことができそうである。

維新をみとおす眼

福住正兄と二宮尊徳

正兄と尊徳との出会い

福住正兄は、現在神奈川県平塚市にぞくしている金目川沿いの大住《おおすみ》郡片岡村の代々の名主で精農の大沢市左衛門家の五男として一八二四年（文政七）に生まれている。政吉と名づけられた。市左衛門は襲名で、旗本知行所の名主をつとめ、農に精をだすかたわら、国学を身につけた人物である。

正兄の父、市左衛門は、天保の飢饉（一八三三、三六年）と水害により、片岡村五七軒のうち一八軒が潰れるなかで、長男の小才太（精一）とともに、荒廃せる村を二宮尊徳の報徳仕法でたてなおした。一八三九年（天保一〇）、小才太は尊徳のいる桜町の陣屋におもむき、尊徳の指導のもとで村の復興計画をたて、片岡村仕法を定め二、三年で疲弊し困苦の底にあえぐ村を救済したのである。大沢家を中心に小作人を結集したこの仕法は、一村単位の性格をもつ報徳結社のようなものであった。こうしてその後、村の勤勉な小作人による無料耕作などで村を再興し、一八四九年（嘉永二）克譲社《こくじょうしゃ》を結成し設立していく。

克譲社は、尊徳の教えの「分度推譲」にもとづき、「天地造化ノ神徳・皇徳・国恩」をはじめさまざまな「恩徳」に報いていくことを基本に、「報徳ノ業」として「興国安民ノ法」を実践するところにあった。なお、「分度」とは、生活の合理化と倹約を徹底し、その計画を長期にわたってたてることであり、「推譲」は、合理的な経営をして社会に富を還元していくことである。

この克譲社が目ざましい実績をあげたことは、神奈川県尊徳会『二宮先生と県下の門人事跡』によると、尊徳が一八五〇年（嘉永三）に大沢家を表彰し、翌五一年一〇月、「報徳金克譲増益鏡」と一〇〇両を正兄にあたえている事実からうかがうことができよう。克譲社は、明治にはいり、関係者の家の火災、金目川の洪水による片岡村の田畑の壊滅、社会混乱がたび重なるなかで廃社同然となったが、このときから数えて一〇年余りの一八八二年（明治一五）、片岡、土屋、南金目、真田を中心に報徳会克譲社として再出発していく。この克譲社の中心人物は、大沢家を中心に、本書でとりあげる大沢家出の福住正兄、土屋（現平塚市）の原小太郎、大沢家の姻戚で伊勢原（現同市）の加藤宗兵衛、という名だたる報徳運動の推進者、そして、南金目（現平塚市）の猪俣道之輔、宮田文左衛門といった村の名望家たちであった。

ひとり片岡だけでなく、現在の平塚市にぞくする土屋、南金目、真田という比較的ひろい地域を舞台にくりひろげられた克譲社の「実学主義」は、六つの支社を母胎に、原野、荒蕪地《こうぶち》の開拓、利水、瘠地の改良、質素倹約、殖産興業、貯蓄、風俗矯正《きょうせい》、和の高揚につとめることをめざしていた（『平塚市史6　資料編』近代(2)平塚市）。

天保の飢饉のなかで、村の立て直しをはかろうとしていた市左衛門に「二宮尊徳の教え」を身につけるべきであると奨めたのは、駿河国駿東郡竈（現御殿場市）の小林平兵衛と加藤宗兵衛であった。天保飢饉の直後に、尊徳が小田原藩に滞在しているときに、市左衛門は、小林、加藤、真田村（現平塚市）の上野長兵衛と自分の子どもたちをつれて尊徳に面会し、種々話を聞き、大きな感銘を受けたと伝えられている。そして、市左衛門はもとより、小才太、次兄の勇助、三兄の陶山《すやま》半次郎らも尊徳の門にはいった。

正兄は、このような環境のなかで育つわけで、彼は、伯母の嫁いだ近くの南金目村の名主森勝五郎のところで四歳のときから一時養われ、分家の森文右衛門に習字読書の手ほどきを受け、一〇代の半ばまでに、『四書五経』『唐詩選』『近思録』などを素読し、終わっていたという。またそのころ、正兄は和歌に関心をもち、本居宣長『古今集遠鏡』を自習していた。修学心に燃える正兄は、また、農作業にも熱心に従事した。その彼が衝撃を受けるのは、天保の飢饉であった。

上医をめざして

正兄は、一八三八年（天保九）九月に尊徳に入門を許可された。ところがそれでも、青年正兄は非常に悩む。というのは、正兄はこの年の二月から農繁期には終日農作業にたずさわり、古老から農事の話を聞いたり『農業全書』を研究し、農業の理想をえがいていたが、その希望と現状との落差があまりにも激しかったからである。農業は苦労の割には実が少ない。そこで医学を学んで貧民を救いたいという志を立て、正兄は、その胸の内を市左衛門に明かしたのである。

市左衛門は、その正兄にたいして、古い諺に「上等の医者は国を治す。中等の医者は人間を治す。下等の医者は病いを治す」と三つのたとえ話をだして、「今、国を癒やす大変な医者がいる。それが二宮先生だ、二宮先生は上医だ」とのべ、これですっかり正兄は、二宮のもとへいく気になったのである。

このくだりは、佐々井信太郎『福住正兄翁伝』にでてくる。かつて、大日本報徳社の幹部で副社長を歴任した佐々井のこの伝記は、一九二四年（大正一三）刊で小冊子ながら密度が濃く、これで、だいたい正兄の足跡をつかむことができる。なおこの冊子は、一九九一年（平成三）に佐々井の長子で報徳博物館館長佐々井典比古の校訂をえて改訂版が刊行されている。

こうして正兄は、市左衛門の説得で、尊徳の仕法の考えかたを身につけ実践力を強めていこうとする。当初、正兄は一八四二年（天保一三）二宮塾にはいるために江戸にでるが、尊徳の住居が未定のため目的を果たすことができなかった。その正兄が、兄の小才太と、伊勢原惣兵衛の弟為蔵と、三人で尊徳のもとを訪れたのは一八四五年（弘化二）一〇月二四日であった。正兄二一歳のときである。「小才太が、〝政吉をこちらへ置いて、修行させたい〟と申し出たので、尊徳は正兄をしばらくおくことにした」と一一月一日付の『日記』につけている。このとき尊徳は五九歳で、幕吏として日光神領の復興計画書の起草に力をそそいでいた。（児玉幸多責任編集『日本の名著26 二宮尊徳』中央公論社）。

こうして、正兄は、尊徳が桜町陣屋から東郷陣屋に移住するほぼ五年間、尊徳と生活を共にすることになる。正兄がその間、二宮から学び身につけた中味は、正兄の手になる『二宮翁夜話』から推定することができる。また、尊徳にとっても正兄との生活があった

図 4　二宮尊徳（報徳博物館蔵）

からこそ、彼の代表作の一つである『夜話』をつうじて「二宮イズム」といわれる尊徳の考えかた、仕法の思想の組み立てかたが、世の中に意外にすんなり伝わったのではないか。その意味で、尊徳の話を正兄が書きとめておいた「如是我聞録」はかけがえのない貴重なもので、この聞き書きは、後述するように正兄の気宇広大で独自の発想様式をつくりあげていく培養基になっていく。

と同時に、『夜話』二二三話、『夜話続編』四八話の骨格ともいうべき「人道」と「天道」との関係論理、「譲道」「推譲」「勤・倹」「分度」「分限」「因果ノ理」「人心」「道心」「節倹」「積小為大」「天命」といったような尊徳の説法を体得したことは、後の日本的思考を基礎にしながらも正兄の「近代化」への構想を豊かにしていく素材となっている。

正兄が尊徳と生活をともにした体験の年月は、尊徳が日光神領の村々の荒地起しのいわゆる「日光仕法雛形《ひながた》」作成にとりかかったときであり、二年三ヵ月にわたるこの期間は、尊徳の後継者の養成のときであったという。相馬藩の富田高慶もその一人である。高慶は「記二宮先生教諭」をみればあきらかなように、たとえば富者の「驕奢」を戒め、貧者の「怠惰」を禁じてこそ「国富み、民優《ゆた》か」になり、そのためには、執政にあたる身であるからこそ倹をおこない、用を節して衆庶を救助するのみと記しているように、二宮の特異な仕法の考えかたの情報を入手していた（『報徳博物館資料集2　富田高慶報徳秘録』報徳博物館）。当時、高慶と同じように尊徳の日光仕法の計算や筆写を手伝っていた正兄もその一人であった。

「積徳の報い」

正兄は、尊徳の教えを体得して自らの立場を築いていったが、その正兄は報徳の実践において尊徳とくらべて独自の道を形づくることにより輝きを増していった。その正兄が一八五〇年（嘉永三）一〇月半ばに相模国へ帰国することになる。その理由は、正兄の養子縁組みの話がもちあがったからである。

尊徳は、一八五〇年一〇月一七日の『日記』にこうしたためている。「片岡村大沢小太弟政吉は今年の夏から東郷陣屋へ勤務し、諸事を手伝っていたところ、こんど同人は湯本村福住九蔵方へ縁組みが成立し、右の理由で、ぜひお暇をいただき帰国したいと、一三日前から当地旅館巴屋に宿泊、右の趣旨で数度歎願があったが、政吉の親類の仕法で、やりっぱなしの分だけでも整理したうえで帰国するよう言い聞かせたが、止められず、無理に昼すぎ当地の兵左衛門宅より出発帰国した」と（『日本の名著26　二宮尊徳』）。尊徳は、正兄の帰国に未練をもっていたような感じがする。

その正兄が、尊徳に暇乞いして帰国しようとしたとき、尊徳は、正兄につぎのように諭した。二、三男の者が天命で他家の相続人になったとき、養家の身代を多少殖したいと願うのは人情で、誰にも理解できる「常の道理」であるが、もう一つ、「見えにくい道理」があると。これは、養父母、祖父母から万事をまかせられる心力を尽すことで、尊徳はこれを「積徳の報い」と呼んでいた。要するに「家産を増殖」する願望と同じ道理であるが、心ある者でなければ解しがたいことで、「難解の理」ということになる。

また、尊徳は正兄に「一心の覚悟」を定めて徹底すること、『論語』を引用して「己《おのれ》を恭《うやうや》しくする」ことを諭した。そのとき、尊徳は、「己を恭しくして正しく温泉宿をするのみ」と正兄に読んで聞かせ、このことを生涯忘れるなとのべ、「己を恭しくする」のは「自分の身の品行を謹」んで堕《お》とさないこと、さらに、業務の本分を誤らないことを肝に銘じておけといったとのことである。そして、身を修め、家を斉《ととの》え、国を治めるのも、『論語』の「己を恭しくして正しく南面するのみ」の「南面」にかかり、この原理は深遠であると説いていた。

「南面するのみ」とは、尊徳をしていわせれば、「国政一途に心を傾」けるということらしい。尊徳が、正兄に説こうとしたのは、とどのつまり、禁欲の精神をもってそれぞれの職の営為をまっとうに遂行するということであり、利益・利得第一主義を戒めたのである。

だから、禁欲→利益追求、利他→利己のイズムの強調ということになる。

この話は、まえに紹介した『二宮翁夜話』の「巻の二」の最後にでてくる。『夜話』については、このへんで少し説明すると、全体が五巻からなり、木版和装で一八八四年（明治一七）から八七年にかけて静岡報徳社から出版された。ここでは、尊徳の『日記』（『二宮尊徳全集』第三〜五巻）とともに、『日本の名著26　二宮尊徳』の現代語訳によっている。

福住家と湯本の改革に着手

正兄の結婚話は二つあった。一つは、湯本の福住家、もう一つは、小田原の富豪辻村家である。福住か辻村か、好きなほうを選べと正兄は言われていた。辻村家は当時この近在の大富豪であり、福住家のほうは先代（九代目）の九蔵が一八三八年（天保九）に類焼を受けた福住の家産を維持できない状態で家出したまま離縁となり、女手三人だけでは家業の相続もおぼつかないありさまであった。当時、辻村と福住とでは「月とスッポン」くらいの違いがある。ところが、彼は、福住家を選んだ。『福住正兄翁伝』によると、正兄は、「義」――義理人情と、「利」――利殖を基準にすえ、義を重んじ利を軽んずるか、それとも利を重くみて義を軽んずるか、どちらを選ぶか自問自答のかたちで「義」を選択したのである。彼は、「利を捨てて義を執」ること、「頽廃の興復」をめざしたことになる。これこそ、尊徳のもとで訓練され、教化された正兄の考えかたであった。

当時、小田原からでさえ湯本への道は険しく遠い。ましてや、片岡村からの道程である。正兄はまさに山路を踏みわけるかっこうで福住に養子にはいった。一八五〇年(嘉永三)一二月二五日婚姻し、家名を相続して一〇代目の福住九蔵が誕生した。

そこで、彼が実践するのは福住家の再興である。そのため、正兄は家道復興の第一歩として「分度」による支出の限定と収入の増加をはかろうとして、自宅の絵図面を錦絵のように印刷して広く散布し、業務の内容を改善して「正直」と「安値」と、そして、「貴賤の差別」を置かないように努めた。

こうして、家業は繁昌し、正兄のやりかたは好評を博して早くも翌一八五一年の一一月、正兄は二七歳の若さで湯本村名主を命じられた。福住家にとっては、名主の復活ということになる。正兄は、福住家の隆盛は、郷土の活性化であると考え、湯本一帯の弊風の一掃にのりだした。当時、湯本には宿屋が十数軒あったといわれている。その悪弊の根を断ち切ることは、荒廃した湯本村の復興につながるわけで、正兄は、村の復興のために宿場規則を改め、これまでの客の顔をうかがって金を奪取するような勝手気ままな宿代をとる風習を改め、「駕籠《かご》」「按摩《あんま》」あるいは土産物などの料金を適正化することをやったわけである。

当時、一番ひどかったのは「箱根の雲助」だった。彼らの「駕籠《かご》」は料金は滅茶苦茶で、だいたい酒代を貪り、人里離れた山道で客をおどして金をまきあげるのが通り相場だったそうである。「箱根八里は馬でも越すが……」というが、山中で身の安全をはかるのも大変だったらしい。この湯本にたいする旅人の不信をどう回復するか、正兄はその手だてをあれこれ編みだしたのである。

宿場湯本の失地回復と改善を進めるには村内一同の結束によらなければならないと考えた正兄は、湯場の全員を集め総会を開いて湯本の実情を訴え、湯本の利益と繁昌をはかるために、旅人の宿泊や休憩は湯本にかぎること、「駕籠人足《にんそく》」は湯本で雇うようにすることなどの提案をした。『福住正兄翁伝』によると、この若い名主の提案に、湯場仲間のなかには、そっぽを向き、とりあおうとしない空気が流れていたようである。しかし、そのうちに、正兄の熱意に打たれて、一同の協賛を得て規約書を作成したらしい。罰則規定ももりこんだこの規約書は、湯場の営業者や跡取りだけではなく、二、三男、さらには宿に出入りする「髪結」「按摩」にまでこれを申し渡し、違反者には仮借なく罰則を適用した。

こうして、湯本村の村人の勝手気ままな立ち振るまいや乱れた風俗も徐々に改善され、

二、三年のうちに湯本の評判はあがり、明るくなっていった。

「推譲」の新しい芽

湯本村に生気がみなぎるころ、尊徳は箱根に滞在していた。一八五二年（嘉永五）正月一二日の『日記』に、尊徳は、正兄のところに宿泊しようとしたが、福住には「伊勢参宮の旅人が毎日四、五十人くらい宿泊」していてたいへん騒がしく、また、「産婦があって多忙」のため、夕方から塔之沢の喜平治宅へ移ると、したためている。混み合っているということは、活気づき繁昌している証拠である。ちなみに、少し説明をくわえると、「産婦」というのは正兄の妻のことであり、「喜平治宅」は、塔之沢の福住楼のことである。

こうして湯本村は、代々名主を勤め由緒ある福住の復活をはかり、名望をとりもどした正兄の「公」優先主義にたつリーダーシップにより活況をていし、村人の自負心も増していったようである。正兄の「己を恭しくする」精神の実践の成果であった。その正兄は、尊徳が小田原方面にやってきて箱根に滞在した約四〇日間、一日も欠かさないで、尊徳と面談したらしい。その尊徳との実践問題をめぐる議論、あるいは雑談のなかで、「推譲」の生きた実例、深遠な信念の体験化などについての理解をさらに深めたようである。たとえば、湯本の早川、巣雲川とその合流する地点の水利堤防づくり、あるいは植林を指導する正兄の姿勢に、地域改良にとりくむ「推譲」の新しい芽をみる思いがする。

尊徳が小田原、湯本などの地に滞在中は、小田原藩では仕法を廃止していたので、彼は親類筋にも仕法については禁止されていた。この点について、尊徳は同年二月四日の『日記』に、代官松波《まつなみ》造酒兵衛《みきべえ》・山崎金五右衛門らが出向いてきて、墓参や温泉入湯は思いのままにしてかまわないが、領内にいる間は、「仕法筋のことで介入されては迷惑」するから、許可しないという通達を手渡されたとしたためていた（『日本の名著26 二宮尊徳』）。このような事情によって、かえって尊徳と正兄は、世のゆく末について論議を重ねていったらしい。

そのなかで、正兄にとっては、やがて福住という家、湯本という村の再興をはかり、さらに、その活性化をつうじて「国政」に脈絡づけていく課題を自らに課しはじめていた。

正兄の幕末・維新体験

天災地変と負債の試練

一八五三年（嘉永六）、五四年（安政元）以降の、いわゆる幕末の風雲急を告げる時代の動きは、正兄にとってかつて経験したことのない最大の試練であった。すなわち、幕末、明治維新の国家的規模で揺れ動く情勢は、正兄の以後の活動に多大な影響を与えていた。

そこで、正兄の体験について少しふれておくことにする。まず、正兄にふりかかった災難としてはさしあたり三つの地震をあげなければならない。その一つは一八五三年二月はじめの小田原を襲った地震に遭遇したことである。このとき、正兄は病床にあった九〇歳の高齢の祖母を抱えて避難し、空地の仮小屋で一夜を明かした。地震は翌一八五四年と、それから五五年にも京阪から東国にわたって起こっていた。自然災害が正兄にあたえた衝撃は、祖母を五三年の地震騒ぎのなかで失ったことであったらしい。正兄を襲った災害の爪跡は、それだけにとどまらなかった。一八五九年（安政六）七月の大雨と早川の大洪水、それにこの年一二月と一八六七年（慶応三）三月の二度にわたる湯本村の大火は、再建から発展の道を歩んでいた村と福住に致命的な打撃をあたえていた。村びとが呆然自失の態であえぎ、村が莫大な損害をこうむった苦境のなかで、正兄が災害からの村の立ち上り、家業のすばやい再開に奔走する経緯は、『福住正兄翁伝』や正兄の『日記』の「断片」、その「抜き書」（報徳博物館蔵）から知ることができる。これらの天災地変は、正兄がおそらく尊徳流の報徳仕法の要《かなめ》である「天道」と「人道」の関係を追求しなおしていく貴重な体験になっていたのではないかと、わたしは考えている。

それともう一つの苦い経験は、ようやく湯本の村を荒廃から復興した矢先、「村政の協力一致」が困難になってきたことである。その原因は、一八五三年（嘉永六）四月、アメリカのマスュー・C・ペリー（Matthew Calbraith Perry 1794-1858）が率いる黒船が浦賀に来航したのをきっかけとする外圧の強まりと、幕府の開国への踏み切りのなかで、幕藩体制の秩序思想が動揺したことと、経済上の困難がいちじるしく増し、村にその波が押し寄せてきたことによる。

さきの『福住正兄翁伝』によると、湯本村でも個々に負債をかかえているし、一村連帯の村債も増加の一途をたどり、借財高は二六五〇両余にのぼっていた。当時、小田原藩内の報徳仕法は禁止されたままであったので、正兄は「村柄取直し方」という名のもとに、村の各戸にそれ相応の職業と労働をあたえ、家のない者には住いを、田のない者には田をあたえ、そして、貧困者の救済、病人の治療につとめた。正兄のその努力は、長い苦闘の末に成果をあげ、村の再興をとりつけたのである。この「村柄取直し方」の役割は、「衣食足り財満」つという目標にもとづいて、家事をきりもりし、村を治め、秩序を再建するということにあった。

小田原藩は、一八六五年（慶応元）一一月四日に、この功績により正兄を表彰した。その書状の一節には、「種々主法組み立て、役前諸賄《まかな》いの儀も綿密に費えを省き、浮き金五百金余出来致し、その余、身分に応じそれぞれ出金致し、前書借財皆済取計らい」と、称賛の言葉で綴られていた。激賞の辞はそれだけにとどまらないで、「村方非常のため金五百六十両並びに籾《もみ》・稗《ひえ》等多分に相備え」、「川除けの儀も当春莫大の村自力を加え手堅く出来」あがったこと、「箱根宿、役馬登らせ方等も心配致し、組合村々の儀も諸世話」がゆきとどき、「冥加金《みょうがきん》として五十両」をさしだすなど、正兄の村秩序の維持にかんする万全の備えを指摘していた。この功績により、正兄は「脇差《わきざし》・袴《はかま》着用、苗字《みょうじ》」を差しゆるされたのである。表彰者名は近藤主馬《しゅめ》、郡権之助、山本修理《しゅり》でいずれも「花押」があり、宛名は「湯本村名主福住九蔵どのへ」となっている（『福住正兄翁伝』）。

そこには、正兄の試練を乗りこえての「斉家」「村治」の到達点の実像がうかがえる。たしかに正兄は、謹厳な行為、抜群の学識により村の指導者としての信望を集めていた。正兄のその声望は、宿経営のなかですでに証明ずみであった。正兄は、福住の家督を相続した二七歳から四一歳にいたるまでの一八六四年（元治元）にかけて、尺時計（錘《おもり》で動く箱型時計）を行灯《あんどん》にかけて時を測り、家族、使用人に先んじて起き、それから「起き番」の女を起こし、一浴後、使用人を起こし神仏の礼拝後早立ちの客の用意をさせて氏神の遥拝をして帳場で書見しつつ経営の指図をするのが日課であった。正兄は「節倹」のために番頭をおかないので、つねに夜明けまえに起きて陣頭指揮をとっていたのである。彼のこの営為は、『福住正兄翁伝』によると「二宮塾の仕込み」であった。その正兄も、さらに、深刻な社会体験を味わうことになる。

幕末における正兄の深刻な社会体験の一つは、戊辰《ぼしん》戦争の動乱に巻き込まれ、辛酸をなめたことである。一八六八年（明治元）の開幕そうそう、小

不安な世情

田原から湯本地方にかけて異様な空気が流れていた。というのは、小田原城下の街では、前年の大晦日《おおみそか》の夕刻、上幸田から火の手があがり、「士商数百戸」を延焼し、三千余人におよぶ被災者をだす大火の惨状と、粛然とした空気のなかで維新の舞台がまわっていたからである。この大火は、一一万三〇〇〇石の小田原藩主大久保忠礼《ただあや》が一年半ほどまえから幕府直轄の甲府城の城代を兼任している関係上、甲府に赴任中のできごとであった。

しかも、城下の街には、浪人たちが出没し小田原城を襲撃するという噂が流れて不穏な情勢にあり、「戒厳」がしかれていた。その最中の不審火であるので、小田原宿にはいりこんだ浪人たちの放火のしわざではないかという風説が流れていたようである。小田原藩士で軍事掛《がかり》にあった関重麿《せきしげまろ》が、後年一八九五年（明治二八）にしたためた『六十夢路』のなかでその模様をこう伝えていた。

> 慶応四戊辰正月元日君公ハ甲府城ニ越年セラレ小田原城ハ奥方ト浄心院様ハカリナレハ公然タル年賀も行ハレス加之世上ノ形勢ハ不穏ニシテ朝ニ夕ヲ謀ラサル景況ナリシニ昨夜ノ出火ハ鎮火セシモ余燼未タ尽ス已牌ニ三ノ丸隅長屋突然焼失之昨夜ノ飛火ナ

リト聞キ人心自ラ恟々《きょうきょう》タリ

関重麿のこの描写は、現実味をおびている。重麿は、一八三六年（天保七）生まれの三一歳で、近習、軍事掛を経て江戸で藩籍を離脱し徳川幕閣の海軍に所属し、嵐で九死に一生をえて、この年の一〇月に小田原藩に舞いもどった。その彼が城下の情景をこのようにえがいたのは、一二月下旬で、「凶徒」追討の命を受け、その任務を終えて帰城した直後にこの大火事件に遭遇したからである。ちなみに、ここでいう「凶徒」とは、江戸の薩摩藩邸にかくまわれていた浪人、博徒たちが幕府の厳しい警戒と取締りで市中を跋扈《ばっこ》し横行するのが困難となり、相模の国に出没した一群を指している。

これらの「凶徒」は、一二月二〇日、相模国妻田村（現厚木市）の永野茂右衛門、山際村（同上）の中丸十郎兵衛という富豪を脅迫して「数百千金」を略奪し、さらに荻野山中藩の陣屋に夜襲をかけ番士を殺害して占拠し、近隣の富豪を強迫して金品を略取し続けた。しかも、彼らは「暴漢博徒」を募集して小田原城を襲い、城下を略奪する計画をたて、先遣隊が探索をすすめたらしい。この情報をえた藩は、重麿の意見にしたがって「凶徒」追討隊を編成し、彼らを西に東に蹴散らかしたのである。

こうして、小田原への「凶徒」襲来の危機は、いちおう去ったというものの、大火もあり、恐怖と不安な空気は、この地に重くたちこめていた。そのため、小田原宿の一角の料理屋、待合、芸者屋が軒をつらねる三業地の宮小路にある松原神社の例祭も中止になった。松原神社は、一八六九年（明治二）からの社名で、当時は松原大明神と呼ばれ、藩主大久保氏の鎮守であり、小田原宿一九町の総鎮守でもあった。その祭ももてないほど世情は凍りついたようになり、人びとの生活も地についていなかった。関喜久子の『日記』は、当時の城下町のがたつき、ざわめきだった光景をつぎのように生き生きと伝えていた（片岡永左衛門『明治小田原町誌』上、小田原市立図書館）。ちなみに、関喜久子は、小田原宿千度小路の質屋関善左衛門の老母である。

辰正月十五日、明神様の御さいれいも無町々も荷物さいへはこびはしめ日々せけんそうそうしくなり一八日朝は今にも鉄ほうならし候やうに皆々申大工も半日にてしまい弐つの土蔵荷物所々に預け候やう皆々申置主は金子なしに質物かり参り皆々かきよふやすみ下々のいくさとおもわれ候

この一文から、城下町の緊迫し浮き足だった表情がひしひしと伝わってくる。このような「戒厳」を要する雰囲気のなかで、一月二二日、藩主大久保忠礼が小田原にもどり、命を受けて箱根周辺の警備に全力をそそぐことになる。大久保忠礼は一月一五日、甲府城の

図5　幕末の小田原宿（横浜開港資料館提供）

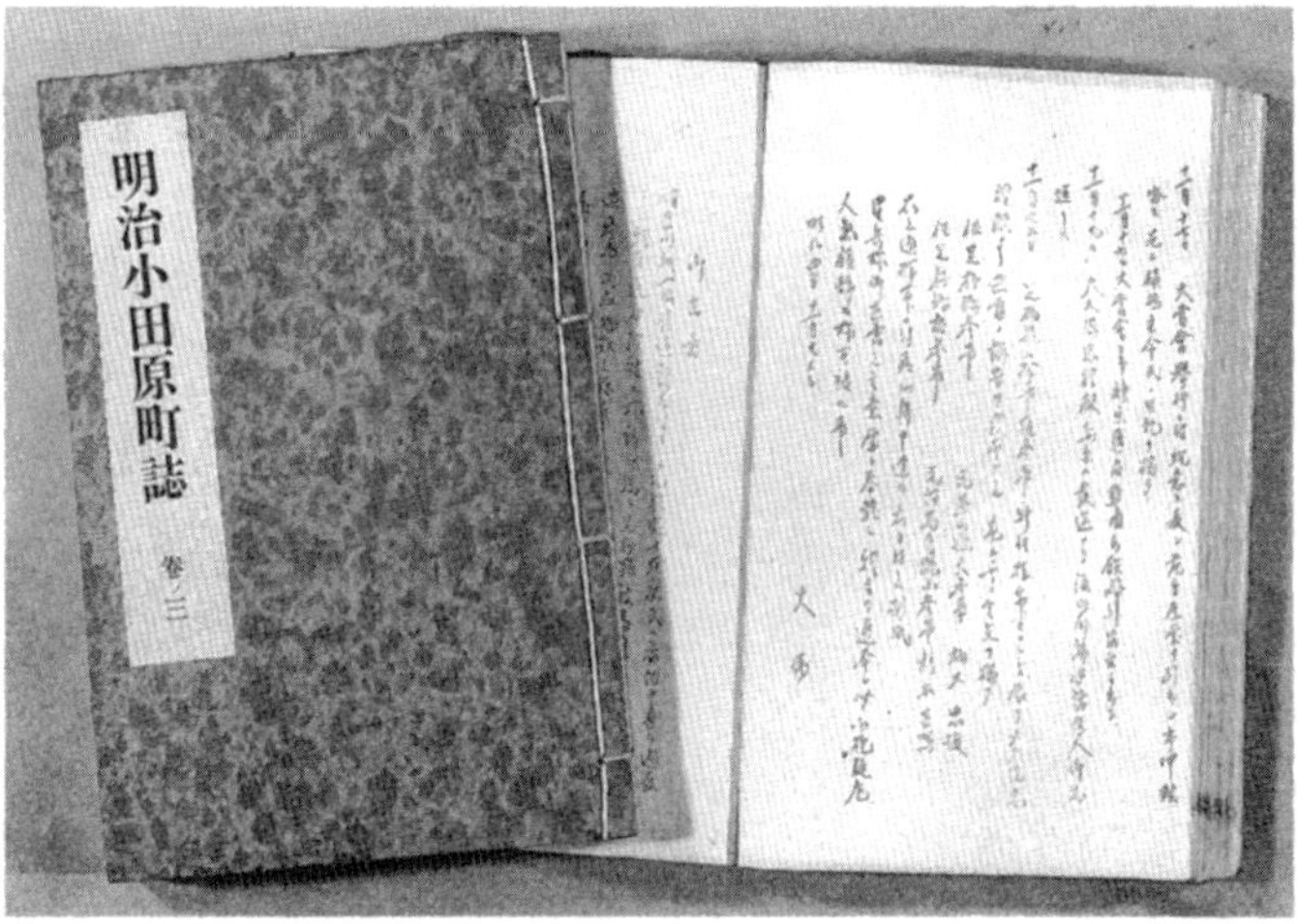

図6　『明治小田原町誌』の原本（小田原市立図書館蔵）
幕末維新期の世情がうかがえる貴重な史料.

城代職を解かれていた。ところで、小田原藩は、一時、佐幕派の諸藩にのせられて兵を挙げ、鳥羽伏見の戦で一敗地にまみれ、「朝敵の巨魁」とみなされてきたが、二月の末には、討幕派――明治維新政権に忠誠を誓い、「二念無き旨」を伝え、あらためて箱根関所の守備がための命を受けたのである。

ゆれる藩論

小田原藩内の討幕派への地固めは万全ではなかった。大久保氏は、徳川家の三河時代以来、その譜代の家臣であり、したがって、藩のなかに佐幕思想が根ぶかく巣くっていた反面、家臣のなかには、京都警備や禁門守護の任務をおび、京都にでむいて尊皇思想にひたる者もあらわれ、そのために藩論は大ゆれにゆれ、「小田原評定」をくりかえしていたという。

藩としては、維新政権を支持しながらも、態度を二転三転していくはめになる。そのなかで、一八六八年（明治元）三月、討幕派の先鋒隊が箱根に到着し、小田原藩は討幕派に恭順の意を表した。ところが、五月にはいると幕臣の脱走者がまぎれこみ、小田原、箱根の情勢はがぜん緊張の度を増し、さらに、林昌之助、人見勝太郎らの幕府方の遊撃隊が湯本にはいり、この間、小田原藩兵と和議を結んでいった。この事情を察知した討幕派は、軍監中井範五郎を現地に派遣したところ、その中井が箱根山中で惨殺されたのである。

この一件は、討幕派に「小田原藩寝返り」という報で伝わった。そこで江戸詰めの小田原藩の重鎮、中垣秀実が磯田三郎兵衛、吉岡監二の二名を連れて急ぎ小田原にもどり、城中で藩主忠礼に「佐幕」の非を説き、佐幕派の家老渡辺了叟らと殺気だった激論をかわした。その論議の結果、藩論はふたたび討幕派支持に傾いていく。

小田原藩の二転三転する姿勢は、藩の優柔不断のさまをいかんなくしめしていて、藩政は、まさに四面楚歌におちいっていった。こうしたなかで、この年の五月にくりひろげられた戊辰戦争の一環である小田原箱根戦役（箱根戦争、山崎の戦い）は、討幕派の圧勝に終わる。直後の六月一〇日、小田原藩の家老の一人岩瀬大江進は、「佐幕」「倒幕」の両論のなかで事態を収拾しようと奔走したが、藩主を補佐する役目を果たすことができなかった責任をとり割腹自殺した。この悲劇は、「小田原評定」で藩の「変節」が投げかけた波紋の一つであった。

藩の苦難の道は続く。藩主忠礼は、明治維新政府により永蟄居《えいちつきょ》の処分を受け、一〇月、忠礼の願によって家督相続は、支藩の荻野山中藩主の嫡子大久保岩丸が受けつぐことになった。また、家老渡辺了叟、侍大将吉野大炊介《おおいのすけ》、年寄早川矢柄、関重麿の父の用人関小左衛門は謹慎を命じられ、糾問のため江戸表に連行されたのをはじめ、数々の佐幕派の戦犯容疑者が江戸送りとなった。このうち、渡辺は小田原に送り返され切腹をとげた。また、「変節」の汚名のために、小田原藩の京都屋敷も没収され藩政は窮乏への道をころげおちていった。

箱根戦争をめぐる藩論の変転と衝撃は、藩政にとどまらず、小田原宿の世相を反映するかのように、藩内の民衆の世界に不安という気流をひろげていった。その最大の要因は、物価騰貴であった。たとえば、この年の三月ごろに一升四〇〇文であった米価が、四月のはじめには五五〇文にはねあがり、敬遠された「文久通宝」は一五貫文、その他の通貨は一一貫文なければ一両にならないありさまで、そのインフレーションの爪跡は民衆を苦境に追いやっていた。しかも、諸物価は、箱根戦争後もぐんぐん騰貴を続け、八月の末には、米価は一升八五〇文にまではねあがっていたほどである（『明治小田原町誌』上）。

箱根戦争と正兄

箱根戦争がはじまる五月、福住正兄は、箱根一四ヵ村の取締役という立場から、湯本村にはいりこんできた幕臣の遊撃隊から小荷駄場の人足世話役を強要され、引き受けざるをえなくなっていた。しかし、正兄の心境は穏やかではなかった。すでに、福住の邸は討幕派の細川氏に宿陣の場を提供していたのに、遊撃隊からいかに強要されたとはいえ、正兄は佐幕派の片棒をかつがなければならなかったからである。傍目にも、正兄はジレンマにたたされたことになる。このころ、藩論は「討幕」「佐幕」に二分し、「大義」をとなえ目だったのは城内では藩の重鎮中垣秀実であり、町方、村方では小田原宿町年寄の小西正蔭（後初代神奈川県会副議長）と正兄であるといわれ、正兄の「勤王」論は、箱根戦争のはじめごろ、村びとから嘲笑をかっていたほどであった（『福住正兄翁伝』）。正兄は当惑の色を隠して、湯本入口の早川にかかる三枚橋に小荷駄場を設け、人足の世話をしたのである。

正兄が、遊撃隊の小荷駄場の人足世話役を引き受けたのは、彼らの「掠奪防止の一案」としてでのことで、正兄は討幕派への支持を失っていなかった。『福住正兄翁伝』は、正兄が遊撃隊の総宰林昌之助から世話役の功労として刀一口を贈られようとしたとき、これを辞退したのは、その「大義心」によるとのべている。

ところが、正兄自身、佐幕派に協力したという危惧のつかえも、とれるときがきた。それは、前述のように小田原藩が箱根山中の脱走組・遊撃隊征討の先鋒となり、藩兵を編成したからである。

正兄は、村びとを指揮して戦場と化すかもしれない湯本村の態勢を整えた。五月二五日の未明である。まず畳をふくめ一切の家財は、控屋や畑のなかに覆いをして積み、倉庫には目途をし、男子のみ残して家族は塔之沢へ避難させた。そして、正兄は三枚橋の小荷駄場にいき、現地の遊撃隊の指導者に人足世話役の辞退を告げ、村びとに糧食を十分に用意させ、討幕派の側から戦局の事態と状況の推移を見守ることにした。

この間、箱根戦争は、藩兵の進軍につれ、小田原宿周辺から入生田《いりゅうだ》・山崎方面へひろがり、戦禍は湯本におよばんとしていた。五月一七日から六月六日にかけての関喜久子の『日記』は、箱根戦争下の城下の混乱ぶりと人間不信の表情をなまなましく伝えている。たとえば、『日記』の一九日の条で、喜久子は、夕方五時をすこしまわったころ、大嵐のなかで早鐘を聞いて火事かと思っていたら戦争騒ぎで、町方の老人、子ども、病人らが駕籠で避難したり、人びとが荷物を運び逃仕度をしているようすを書きとめていた。

戦局は日に日に厳しくなり、商売が質屋だから「預り物」が多く、家を離れるわけにはいかないと考えていた喜久子も、二一日には危険を感じ、二五梱の荷物を船に積み定太郎と小竹のおよしの二人を一〇歳ほど東の相模灘沿いの梅沢の小石へ舟でやったことを記し、「鉄砲打小田原中大さわきにて女子供皆にけ」という小競合いが続く小田原宿の事情を記録している。さらに、二三日の条をみると、山に隠れていた遊撃隊員が街におりてきて町人を殺害、捕縛された事実を伝え、十文字橋をまわり討幕派二〇〇人ほどが巡回するなかで、町方の人びとは「家業やめようすうかゝひ居りさかなも豆腐も無し青物も売に参らす人々なむき致し……」とある（『明治小田原町誌』上）。町方の人びとの生活と生業の難儀のほどが、ここに滲みでている。

ところで、戦域が入生田、山崎あたりに拡大していくと、五月二五日には大砲の弾丸が烈しくとびかい、そのため、正兄は村びとを指揮して手桶、たらいに水を満たし火災に備えた。こうしたなかで、遊撃隊は、堂の前と茶屋に火を放って箱根山中に逃走した。一方、討幕派は、早雲寺に根拠地をおき、篝火《かがりび》を焚き、夜通し警護にあたった。そして翌二六日朝、藩軍は、箱根本道と畑の平道とから進軍し、脱走組の遊撃隊を蹴散らかしたのである（『福住正兄翁伝』）。

「御一新」の道への構想

国学と正兄の教育論

遊撃隊が一掃された直後の五月二七日、討幕派の隊士が、再三福住家を訪れ、正兄が佐幕派の世話役を引き受けた件の顚末について取り調べた。そのさい正兄は、あとでのべるように平田篤胤《あつたね》－鉄胤《かねたね》に入門して国学を修め、「国体」をあきらかにし「勤王の大義」に通じ、「順逆の理」をわきまえていたが、強迫により余儀なく指揮をとったと説明した。

しかし、正兄への疑惑は、そうやすやすとは晴れなかったようである。翌二八日には因州の小隊長、そして夕刻には長州の取り調べがあったが、因州の隊長は国学に長じていたらしく、正兄の弁明を聞いてその精神を称揚し、長州の取調べ員たちは、なにごともいわないで去っていった。取り調べはこれで終わったのである（『福住正兄翁伝』）。

箱根戦争の激動の渦中で、正兄が体験した幕末、維新の現実は、正兄の人間の幅と時代観察の眼を大きくひろげていくことになる。その基になっていたのが、尊徳のもとで修業を積みながら、正兄がその「一挙一動」をモデルに学んだ報徳の内容と精神（『二宮翁夜話』）であり、国学であった。正兄は、尊徳が東郷（栃木県真岡市）の陣屋にはいった一八四八年（嘉永元）ごろから暇をみては国学を学んでいたようであるが、本格的に国学に身をいれるようになったのは、おそらく、福住家を相続した翌年の一八五一年（嘉永四）一一月、吉岡信之の門を叩いたときであろう。正兄は当時、二七歳であった。吉岡は儀太夫信之と称し、三五〇石取りの小田原藩士で藩校集成館の幹部であった。その吉岡は、櫨園と号して家塾の水善舎《すいぜんしゃ》を開き、国学、和歌を指導し、とくに歌道の振興につくしたといわれる。「資性風雅」で「和歌風流」に造詣のふかい吉岡は、その名を遠近に知られていた（『神奈川県史　別編Ⅰ』人物、神奈川県）。

正兄は、吉岡に九年間師事した。一八五九年（安政六）の正月、吉岡は正兄に歌道も上達して「格も違わず」、したがって「添削を廃し」、これからは相談にとどめようと話したそうである。しかし、正兄はいっそう歌道にはげんでいく（『福住正兄翁伝』）。

また、平田篤胤の書物を読んで感動した正兄は、平田鉄胤に入門を願い出たが謝絶され、むしろ亡き篤胤の「門人としては」との助言を得て、「平田門下生」として鉄胤に紹介された鈴木重胤について神典を学んだ。正兄が国学、和歌、皇学に秀でていたのは、いままでべてきたような人びとに師事したほか、湯本に滞在した間宮永好から『職原抄』の講義を聞いたり国学について質問を試みたり、三国寺の僧弁玉から長歌を習得したというように、あらゆる機会をとらえて学芸をひろく身につけていったからである。

国学は、正兄にとってみれば、「国体」と村と家を結ぶ報徳の思想の根源であるから、その国学を支柱として正兄は新しい時代を切り拓く提言をしていく。その一つの証拠が一八六九年（明治二）一月一五日に小田原藩に提出した正兄の建白書である。建白書としては比較的長いもので、『福住正兄翁伝』に全文が掲載されている。要は学校を開き、国学を興すことを力説した内容である。中身の一端をみると、「御一新」の時節がら、「皇朝学校」を開設すべきであり、「皇朝学」は、「国体を明弁し、天子の至尊無上」をうえつけるに欠かせない学問であると、正兄は書き、この「皇朝学」は、「平田篤胤の学風」でなければならないと説く。そのさわりの部分は、以下のとおりである。

才術・技芸のごときは外国の学問然るべく候えども、君臣の大義・人倫の大道・御政事の基本等に至り候ては、皇朝学にこれなく候わでは真実の場には至り難き儀と存じ奉り候間、何とぞ皇朝学校を開き遊ばさせられ、和漢兼学、人才御教育遊ばさせられ、列藩に愧《は》じさせられず候よう仕りたく、懇願奉り候儀にござ候。

だが、正兄は、「皇朝学」のみを主張していたのではない。「皇朝学」を柱に外国の学問を導入することにも配慮をしていたのである。

また、このころ、小田原藩は漢学と洋学との学校を建てる計画をもっていたようであるが、正兄の建白後、国学をくわえ、国漢洋の三つのコースをもつようになった。

藩校の改革の背景

福住正兄が学校を建設し、国学をひろめるべきであるという建白書を小田原藩主に提出するころ、小田原、箱根の地域経済のかげりはふかまるばかりであった。にもかかわらず、藩は時代の転換をうながしていく施策を打ちだしていた。

いま、経済事情の不安の一端を『明治小田原町誌』で追ってみると、米価は、多少の上り下りの曲線をえがきながらも高騰し続け、六月には一升九五〇文、外米の南京米でも一升六七〇文となっていた。前年の端境期の夏とくらべて一〇〇文も値上りしている。しかも、通貨の価値変動も諸物価の騰貴をうながす一因となって、一般に太政官発行の金札の評判はよくなかった。そのためか、小田原宿や駅五町あたりで商取引の困難などの混乱が生じ、生活にまつわる新しい制度への移行にともない、たとえば土地に課する税の改正などへの思惑や不安が、民衆の頭上にふりそそいでいた。

小田原、箱根地域の民衆が、時代転換の混乱に巻き込まれ、生活にあえいでいるさまは、町に「主段講」を設立する取締名主の片岡翁之輔の告諭をみてもあきらかである。この取り計らいは、小田原宿を助成するための講の設置である。その一節に、「近年大通行差湊其外度々ノ震火災等ニテ町々疲弊公私借財大ニ相嵩既ニ可及退転向も有之」との実情が紹介され、そのために、ついに「非常備の米金等も欠乏ニ相及追々窮迫ニ陥り」というありさまであった。この困惑から脱却するためには、町ぐるみで対処しなければならなかった（『明治小田原町誌』上）。

地域と民衆をどん底に落としいれ、疲弊の度がふかまるなかでも、新しい時代の幕は徐々にあがっていった。藩主大久保忠良（岩丸）は、三月二一日に弁事役所へ版籍奉還の願書を提出し、六月七日には、大久保忠良は従五位下相模守に任ぜられ、同月一九日には、版籍奉還が許され、大久保相模守は藩知事に任命されたのである。この一連の諸資料と、この間における小田原宿の伝馬および人足の継立制度を廃止して伝馬所を設置するなどの詳細な改革の経緯にかんする諸資料は、その沿革もふくめて『明治小田原町誌』に掲載され、とくに伝馬、人足の継立制度の廃止について、筆者の片岡は、「蘇生の思」がするととらえていた。

また、宿の消防の組織の改正、鳶《とび》職の日雇銭の改善、小田原から箱根や大磯間の人足馬の雇入相場の改定、さらには、小田原宿の出入口、町内警備の木戸の廃止、酒匂《さかわ》川の出水で東海道の通行が不可能になったさいに、場合によっては脇道、間道を利用する自由も認めるというように交通規制を緩和したり、宗門改めも撤廃するという改革の手を打っていた。民衆の生活にかかわるこの一連の改革とともに、藩自体の体制についても、藩政規則にもとづく官名の改正をはじめ、町役人の改組、本陣、脇本陣を廃止するなど新しい制度に切り換えていった。

大久保忠良は、版籍を奉還し、相模守に任じられた直後の六月一一日、藩政機構の官職順席のいわゆる職制、兵制などの改革を断行したのである。忠良のこの藩制の諸改革の資料については、その後、一〇月にかけての兵士、藩校教師の職名の変更、大久保忠礼の永蟄居の免除、三等官以上の官職班席などの改正をふくめて、小田原市立図書館が所蔵している「特別集書　片岡文書」の「小田原藩重役幕末手控」のなかにはいっている（『小田原

市史　史料編』近世Ⅰ藩政）。

明治初年の藩政の諸改革の目的は、忠良の「御直書」にもあきらかなように、新しい時代にそくして藩をあげ、今後とも「文武之道芸」にはげみ、「忠誠」の念をもって皇室の守りの「藩屏《はんぺい》」としての任につくことにあった。そこでとうぜんのことながら、藩校の改革をどう押し進めていくかが、一つの鍵となる。忠良は、その関係を意識してか、藩籍を奉還した直後の四月、城内二の丸の藩主邸、藩庁内の地方役所（治安維持組織）を校舎とし寄宿舎も設けて藩士のための英学校を創立した。また、六月の藩制改革に関連してか、忠良は、藩学校の文武館に「士分以下」、すなわち武士の身分以外の農工商の子弟も文武の教えを受けられるよう門戸を開いたのである（『明治小田原町誌』上）。

諭吉の訓育論

英学への道が、小田原藩主から提案された背景には、いろいろな理由をあげることができるが、なんといっても明治の変革という時代がかもしだした風潮であろう。とりわけ、開港場横浜に近いこの藩領に住む人びとの「海外事情」への関心の高さのあらわれを反映してか、忠良をとりまく開明派の英学への進言も大きくあずかっていたらしい。事実、一八五三年（嘉永六）、ペリーの率いるアメリカの黒船四隻が浦賀水道に来航したさいに、近隣から物見高い人びとが三浦の地にぞくぞくと集まった光景とか、一八五九年（安政六）、幕府が先進諸外国と結んだいわゆる安政の通商条約をきっかけに、たとえば「安政六年六月横浜開港情況につき風聞書」が示すように、「異国人交易」の場として武州久良岐郡横浜村は、相州、武州の「農工商」の間でとりざたされるようになっていた（『神奈川県史資料編　近世7』海防・開国、神奈川県）。

ペリー来航から横浜開港にかけての数年間の情報の伝わりかたのスピードはすさまじく、開国をきっかけに、外国の事物への関心の輪は地域をかけめぐり「士農工商」の身分や職業を問わずひろがっていったようである。こうした事情は、この地のような先進的な地域の「中等」階層にぞくする人びとの生活文化の新しい底流を形づくっていた。このような時代の変化を告げる事態が累積されていたからこそ、福沢諭吉が一八六六年（慶応二）に出版した『西洋事情』（初編三冊）は、飛ぶような売れ行きをみせていた。その部数は一五万部といわれ、京都など上方あたりで流行していた偽版は、『福沢諭吉全集』（第一巻）によると二〇万部から二五万部にのぼっていたという。

『西洋事情』は、あらためて紹介するまでもなく、その後一八六八年（明治元）発刊の外編三冊と一八七〇年刊の二編四冊の計一〇冊にのぼっている。いずれも外国の事物を日本人に体得させようとなみなみならぬ熱情に支えられた、文字どおり英・仏語でいう

"education" の書である。ここであえて、この名詞をもちいたのは、その語源のラテン語の動詞 "educare" が一定の状態から「外に導きだす」意味であることを重視してのことである。　諭吉は、欧米の世界を目標に、閉ざされた環境におかれた日本人の眼をひろく海外に導く意気に燃えた人物の一人であった。その意味で、『西洋事情』のなかには、諭吉の教育観というより訓育観の原点がひそんでいたといってよい。

福沢諭吉は、一八三五年（天保六）一二月一二日、豊前国中津藩の大坂の蔵屋敷で藩士福沢百助の五男として生まれた。そして間もなく二歳のとき、父の死去で中津にもどった諭吉は、長ずるにおよび門閥制度に違和感をもち、封建制度に批判の眼をそそいで育った（『福翁自伝』岩波文庫）。周知のように、ここに、『学問のすゝめ』『文明論之概略』を手はじめに、「人間平等」を前提として、個人の自発的精神と実学思想を説き「一身独立」「一国独立」を主張し、西洋文明をモデルにすえ、在野の啓蒙思想家として多方面に影響力をおよぼしていく諭吉の面目躍如の芽がみえる。その諭吉は、一九歳のとき長崎に遊学し、のちに大坂の緒方洪庵《おがたこうあん》の適塾（適々斎塾）で蘭学を学んだ。

諭吉は、一八五八年（安政五）、藩の命令で江戸に出府し、通商条約が結ばれた年に英学に転じ、翌一八六〇年（万延元）から六七年（慶応三）にかけて幕府に出仕し、この間、三回、幕府遣外使節の随行員として欧米を視察した。諭吉は、この欧米の地の見聞体験を媒介に、開国の空気にひたりつつある日本人に「近代」を身につけさせようとしたのである。前述の『西洋事情』は、まさに諭吉のその事情を証明する書であった。

諭吉は、この書物のなかで、日本人が海外事情や外来の事物を理解しやすいように工夫をこらしている。それは、外国の事柄や制度、用語を紹介するにあたり、その表現に相当する日本語を説明づけながら捻りだそうと試みている点によくあらわれている。"copyright"を「版権」、"bookkeeping"を「帳合」、"freedom""liberty"を「自由」という言葉に置き換えていることなどはその一例である。また、外国のことがら——人名、地名、建造物などをしばしば日本の事物に置きかえているのも諭吉の創意である。

さらに、諭吉は、西洋各国の近代文明国家の成り立ちの基本的知識を提供しようとすることを最大の眼目としていた。『チャンブル氏経済書』(*Chamber's Educational Course : Political Economy, for use in schools and for private instruction*)を翻訳し、諸書を抄訳してこれを補い、西洋各国の歴史、政治、軍備、財政などを箇条書きで紹介した『西洋事情』外編三冊は、諭吉の狙いを端的に示しているといえよう(富田正文『考証福沢諭吉』上、岩波書店)。

図7　明治初年の慶応義塾（慶応義塾福沢研究センター蔵）

新「教育」の推進

福沢諭吉は一八六八年（慶応四）の四月、江戸の築地鉄砲洲の家塾を芝新銭座に移し、慶応義塾と名づけ、塾の方針をひろく宣伝するために印刷し頒布した「慶応義塾の記」という文章と、この版本にそえた「中元祝酒の記」という一文がある（山住正己編『福沢諭吉教育論集』岩波文庫）。諭吉は、このなかで、洋学（英学）を「私」ごとに終わらせないで、ひろく世の中に「公」にし、「士民」を問わず、洋学を学ぶ希望者をつのっていた。

「慶応義塾の記」は、始めから終わりまで洋学論一色である。諭吉は、洋学の府、慶応義塾への入学の応募を説いているだけではない。享保年間にはじまるオランダの学の導入の経緯から説きおこす諭吉は、その困難な修得にもかかわらず、蘭学が窮理（物理）、天文、地理、化学などの数科にとどまらざるをえなかったのにたいし、開国後の洋学により、合衆国、イギリス、フランス、ロシアなどの諸国との親しい交際により、「世の士君子、皆かの国の事情に通ずるの要務」をさとり、「百般の学科」がみるみるうちに台頭したという。そして、こうのべていた。

そもそも洋学のもって洋学たるところや、天然に胚胎し、物理を格致し、人道を訓誨し、身世を営求するの業にして、真実無妄、細大備具せざるは無く、人として学ばざるべからざるの要務なれば、これを天真の学というて可ならんか。

洋学を「天真の学」、いいかえると、本来、人として身につけなければならないとうぜんの学であるとみなす諭吉の言葉は、洋学に新しい時代を切り拓いていく牽引車の役割を託そうとしていた。その思いがひしひしと伝わってくる。

諭吉は、洋学によらなければ「開知」「修心」の道はおぼつかないとみていた。すなわち、人間の知識を開発しつつ、見聞を博め、心を修め、身を慎しむ必要のあることをさとらせるという意味である。一八七〇年（明治三）の春ごろ、まとめたとみられる「学校の説（一名、慶応義塾学校の説）」のなかで強調しようとする諭吉の洋学論の行手には、新時代の良政をもたらすために、民衆の世界の旧い風俗、慣習を正し、好ましい状態にもっていく目的がこめられていた。諭吉は、「国の貧弱は必ずしも政体のいたすところにあらず。その罪、多くは国民の不得にあり」とみていたのである。悪政を除去し、名実ともに「一国の独立」の成果をあげるために、洋学校が必要とされるのである。そして、この洋学校こそ、「人を導くべき人才を育する場所」であると、諭吉は断言する。しかも、学問は「手近くして博きを貴しとす」と説き、義塾でも、辺境にいる人びと、多忙な職業人、晩学の男女などにはまず翻訳書で地理、歴史、窮理学（物理学）、脩心学、経済学、法律学などを学ばせ、洋学が普及するには人力をつくしても三〜五年ではおぼつかないと、諭吉はみていた（『福沢諭吉教育論集』）。そこに、洋学にかける諭吉のなみなみならぬ意気込みを読みとることができる。

この間、諭吉自身は、原書の翻訳は自分の任務であると自覚し、著述、訳書の執筆にそのエネルギーをさいていた。一八六九年、熊本藩の要望で西洋兵書（*E. Schalk : Summary of the Art*）を訳出した『洋兵明鑑』は兵学熱心の武家に歓迎されたらしいが、それはそれとして、世界の人文地理のハンドブックともいうべき『掌中万国一覧』をはじめ、『清英交際始末』や『世界国尽《くにづくし》』の刊行は、洋学にかける諭吉の実践のあらわれであった。

『掌中万国一覧』は、世界の六大州の面積と人口、五大州の広狭深浅、山岳の高低、人種別・宗教別の人口、文明の程度、言語、国家と政体、兵備財政の強弱、鉄道の国別里程表、鉱物資源の多寡、世界の大都会の経緯度などについての案内書である。当時の知識人の必携書として重宝されたという。また、『清英交際始末』は、アロー戦争の経過とこの戦争で締結された天津条約の条文を主内容として、この条約により清国との貿易に従事する人間の心得を解説したものである。新しい外国交際の衝にあたる政治家の手引書の役割をになっていた。さらに、おびただしい発売部数をみせた『世界国尽』は、年少者のための世界地理についての啓蒙書で、習字手本の一種であった「江戸方角」「都路」の口調で、世界の地名、方角を覚えさせひろめようとしたものである。この書は、「何々づくし」「何々往来」と称する口誦本の出版のきっかけとなり、社会万般の事物の通俗解説に七五調をとりいれるきっかけになったらしい（『考証福沢諭吉』上）。

　このように、諭吉自身の著述、翻訳という実践を下地に、洋学が、明治の新しい時代環境をつくりあげていく教育の流れとなりつつあった。その洋学が社会の地下水を汲む力になりえたかどうかに目をむけ、たしかめていかなければならない。

地域にうごめく「近代化」の力

洋学への関心の高まり

洋学の制度化

話を小田原・箱根地方にもどすことにしたい。明治改元後、時は刻一刻と過ぎ一八七一年（明治四）になると、太政官制度のもとで、周知のように新しい地方行政制度として廃藩置県がおこなわれた。その一つとして、旧小田原藩を中心に小田原県が生まれたのである。すなわち、足柄下《あしがらしも》郡、足柄上《あしがらかみ》郡、高座《こうざ》郡、大住《おおすみ》郡、愛甲《あいこう》郡、淘綾《ゆるぎ》郡、津久井《つくい》郡の地域を範囲とするものであった。このころ、小田原の街では家の前にさまざまな品物を陳列して商いをする家があらわれ、夜見世が張られたりして人出も多くなったと記録され、新しい時代の雰囲気がかもし出されたようである。そのような世の中の未来がみえてくるなかで、一八七一年九月、小田原の地では学制を改めて、士族、平民にかかわらず「有志には就学」を許可することとなった。『明治小田原町誌』に以下のような記述がみえる。

学制を改め御国学、儒学、英学の三学とし、英学は従来の校舎を、儒学、御国学は文武館を校舎に充て、御国学は福住正兄、英学は小野太一《ママ》郎、堀省三、儒学は文教師をして教授せしめ、士民に不拘有志には就学を許さる。

ここで注目すべきは、国学、儒学とともに英学を確定していることである。大久保知事のもとで設けられた英学のコースには堀省三とともに、小野太十郎が教師に就いていた。ともに、小田原藩士族の出で慶応義塾で福沢諭吉の薫陶をえた人物である。小野についてはあとでふれることにして、堀は、小田原藩士堀秀盛の長男として一八四四年（弘化元）に生まれ、一八六一年（文久元）藩校集成館の助教授を経て一八六七年（慶応三）、家塾時代の福沢諭吉の門をたたき、ひきつづき慶応義塾に学んだ後に英学の教師となったのである（『神奈川県史　別編Ⅰ』人物）。

英学を担当した堀が、かつて藩命であるとはいえ、小野ともども福沢諭吉のもとで学んだ事実は銘記してよい。諭吉の期待する「開知」「修心」の道を、彼らは地域で実践することになったのである。ちなみに堀は、その後、もう少し先でふれる日新小学校の訓導を

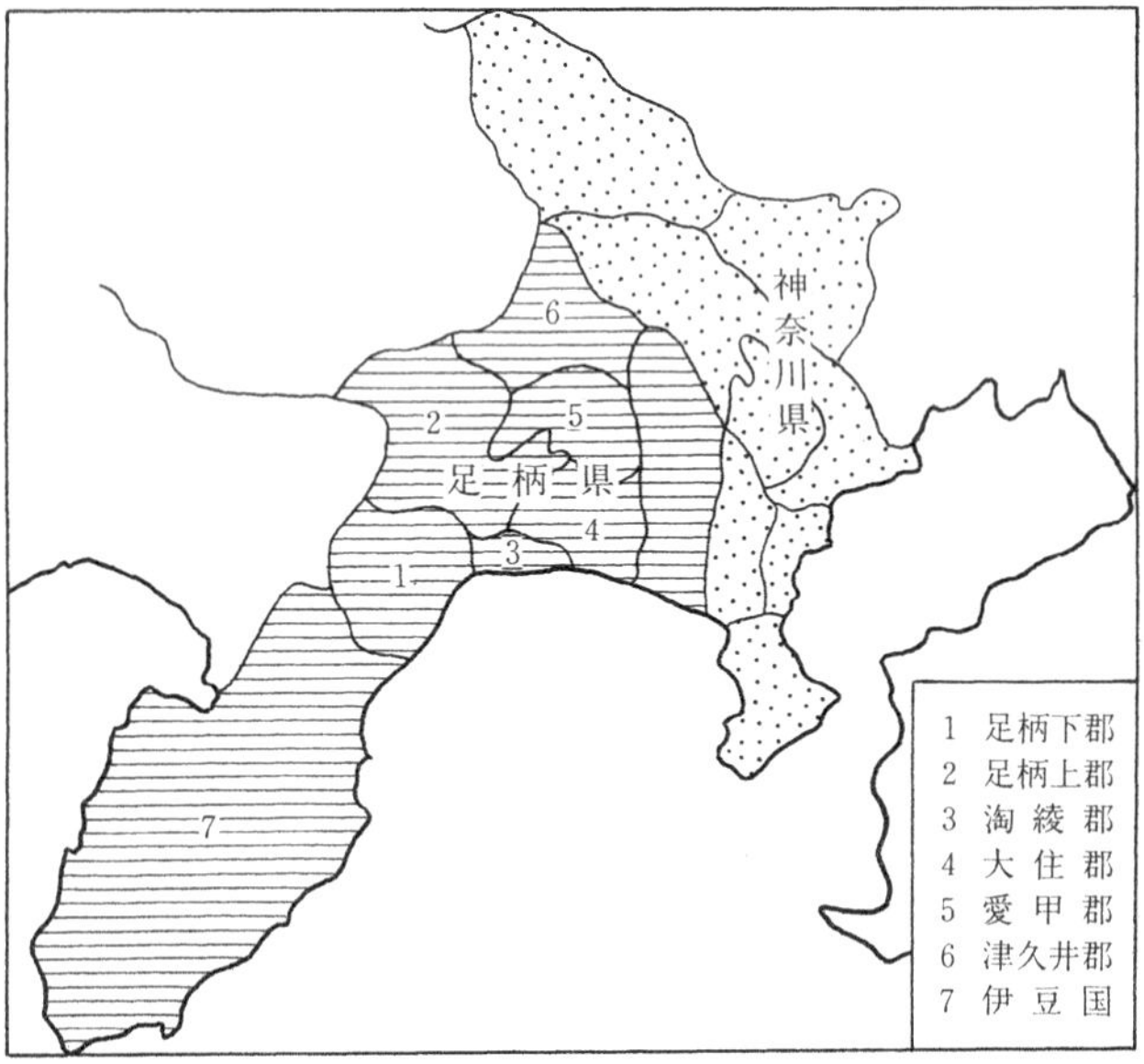

図8　明治初年の神奈川県・足柄県行政区画

つとめ、一八七五年（明治八）から七七年末まで小学校教員の養成にあたった。

さきの学制改革でもう一つ目をひくのは、さらに門戸をひろく開放したことである。だが、その改革にもかかわらず、新しい教育は、すぐには民衆のなかに浸透していなかったようである。さきの『明治小田原町誌』にも「教育の思想未た遍す、町村より入学する者は甚《はなは》た少く、御国学に至りては生徒なく、自然に廃止せり」と記録されていた。正規の学問を体系的に身につける意味での「学ぶ」ということは、士族にかぎられた伝統が根強く、町人が就学するのをせせら笑う風潮があり、町民の子弟の通学を妨害する雰囲気すらあった。

ところで、藩校の系譜をひく学制の改革にのりだした小田原県は、二ヵ月も経ない間の一一月一四日、足柄県となったのである。足柄県は、はじめのうち伊豆国の田方《たがた》、君沢、賀茂、那賀四郡と大島、三宅島などの七島、および相模国の足柄下郡、足柄上郡、高座郡、大住郡、愛甲郡、淘綾郡、津久井郡の七郡にわたっていた。ちなみに、神奈川県は、相模国の三浦郡、鎌倉郡の二郡、武蔵国の橘樹《たちばな》郡、都筑《つづき》郡、久良岐《くらき》郡の三郡という範囲となった。ところが、間もなく一一月のうちに、武蔵国の多摩郡と相模国の高座郡がそれぞれ東京府入間県と足柄県から神奈川県へ管轄替えになったのである。理由は、これらの地域が、神奈川県の「開港場県庁」の所在地横浜から外国人の一〇里（四〇㌖）内の遊歩距離にあたっているためであった（「太政類典」第二編九五巻）。

新置改県のかたちをとり、伊豆の韮山《にらやま》県と小田原県をあわせて足柄県が誕生し、小田原に県庁がおかれることになった。庁舎は、旧藩主邸、藩庁の後らしい。足柄県参事（知事）に任命されたのは、福沢諭吉と年々交友のふかまっていた韮山県大参事で、韮山に住居のある柏木忠俊（幼名荘蔵、後総蔵と改名）であった。その柏木が知事として小田原に赴任してきたことは、この地の教育をはじめ諸改革を大きく推進することになった。

「西欧」型リーダーの登場

柏木忠俊は、伊豆国韮山（現静岡県韮山町）の代官江川太郎左衛門に代々仕え、祖父、父ともども代官邸の元締手代（役人総代）をつとめてきた家系の出である。柏木家は、現在、江川代官屋敷の前の上りかげんの道をとっていったなだらかな丘の上にあり、ここからの富士山の眺めはすばらしい。

ところで、一八三七年（天保八）一四歳のとき江川太郎左衛門（英竜）に仕えることになった忠俊は、幕府開明派の官僚の一人として民政改革にのりだし、かつ、高島秋帆から砲術の免許をえた西洋流兵学者で、幕閣の海防の知恵袋であった英竜からとくに目をかけられた（仁田桂次郎編輯『柏木忠俊小伝』『故正五位前足柄県令柏木忠俊履歴』柏木後孝家蔵）。

忠俊が青年時代から時代と情勢のおもむくところを嗅ぎわけ、新しい時代の夜明けを肌身で感じとっていたのは、英竜から受けた影響が大きかったらしい。なかでも忠俊の二つの経験は、時代を先どりするセンスに磨きをかける貴重な機会になっていた。その一つは、忠俊が一八四六年（弘化三）、幕府から伊豆七島の巡視の命を受けた英竜に随行し、さらに、一八五三年（嘉永六）、ペリーの率いるアメリカ艦隊が浦賀に来航した年、幕府の海防掛《がかり》に就任した英竜が、近海防御の場所を見分したさい随行し、大森村（現東京都）から本牧、金沢（現横浜市）、三崎（現三浦市）にかけて、また腰越（現鎌倉市）方面、遠く木更津から館山にかけての房総の海岸を歩いたことである。忠俊は、この体験で、海防と開国の駆け引きの力学をリアルに身につけ、その眼を前にも増して海外に向けていた。

もう一つの忠俊にとって貴重な経験は、翌一八五四年の七月はじめから一〇月にかけて、短期間ではあるが長崎に留学したことである。忠俊と望月大象、矢田部郷雲の三人の長崎行きは、かねてより英竜が幕府に申請していたオランダ人から蒸気船の製造、航海方法、砲術の技を学ぶその許可がおりたからであった。その成果は、忠俊が「韮山形バッテーラ船」などの建造と「大船」の製造、「小筒」製作に尽力した事情に示されている。事実、一八五六年（安政三）から六〇年（万延元）ごろの文書に「諸製造事務」とか「製作事務」という表現がみえる。このころは、また、幕府が韮山にオランダ流の反射炉を設置し、多量の鋳金を供給できるようになった時期である。

忠俊の長崎留学は、オランダ流の知識と技術を修得しただけでなく、推測の域をでないとしても、おそらくここで福沢諭吉と知りあった可能性があったことを指摘しておきたい。というのは、忠俊が長崎の地を訪れたころ、諭吉は「福沢諭吉年譜」によると、この年の五四年二月から蘭学を修得するため中津藩の命により、ここに滞在していた（『福沢諭吉全集』第二十一巻）。その諭吉は、長崎で砲術家山本物次郎家に住みこみ、同家の用事のいっさいを引き受け、まめまめしく働いていたらしい（『考証福沢諭吉』上）。山本は江川英竜と同じように、高島秋帆の門人であったから、忠俊たちは英竜からあらかじめ山本のことを耳にしていて、同家を訪れている公算は大きい。

忠俊と諭吉が長崎で出会うシナリオのつじつまはあう。しかも、長崎の街は、出島の付近からいまの浦上天主堂およびグラバー邸にかけての地域の範囲はすこぶる狭い。かりに山本家を介してではなくとも、この地で忠俊が諭吉と面識をもち肝胆相照らす仲のきっかけとなる機会はあったはずである。二人の長崎での出会いは、あくまでも推測にすぎないが、そうでないとしてもその後二人が接近していくうえで共通の友人がいた関係をみのがすことはできない。その人物は、大鳥圭介と肥田浜五郎である（『柏木忠俊小伝』）。大鳥は、緒方洪庵の適塾で諭吉と同窓生であり、肥田は、伊豆八幡野の出身で以前から忠俊と親交があり、一八六〇年（万延元）咸臨丸《かんりんまる》の機関士として渡米以来同船していた諭吉とも懇意になったらしい。

このような事情から推測して、忠俊は、幕末、維新期に年齢が一まわり下の福沢諭吉への好感イメージをつくりあげていた。この間、忠俊は、英竜が一八五五年（安政二）に死去した後、後継の英敏、英武と年のゆかない代官を支え、維新の過程で討幕派の一角を担い、京都、東京へと東奔西走していた。そのなかで、忠俊は上方では『西洋事情』の初編や外編の評判を耳にし、一八六八年（明治元）一〇月半ばから一二月中旬にかけて東京滞在中に諭吉と会談したようである。そして、書簡のやりとりで親交をふかめていった。

ところで、忠俊は明治維新政府の会計官権判事の任に就いたが、持病の喘息症の発作のため韮山に出張を命じられた。地元にもどった忠俊は、地域から絶大な信頼をえていただけに熱烈な歓迎を受け、その後、韮山県判事、大参事に就任し、近代政治家《ステーツマン》としてのスタートを切ったのである。この間、忠俊は、江川英竜のもとで身につけた近代技術と時代を見抜く眼と精神を、諭吉の翻訳、著作で磨きをかけていた。『世界国尽』の知識や福沢諭吉訳述『英国議事院談』（一八六九年）は、確実に忠俊のバイブルとなっていた。その指針書をひっさげての柏木知事の登場である。

諭吉の洋学推進の手紙

足柄県は、先走っていえば、柏木知事一代限りで一八七六年（明治九）春に廃県となり消えていく。忠俊はその在任中の約四年半、県庁の所在地小田原で持病の重い喘息に苦しみながら、駅、宿の中心部だけでなく、周辺をふくめて地域からの「近代化」の推進に全力を投入した。「民産の富殖」「安寧の保護」「民智の開発」「民権の保全」、これらが知事としての忠俊の政治施策の骨子である。彼は「下情ヲ暢達」すること、すなわち民衆の生活事情の向上をはかることを目標に、箱根山塊を境に大きく人情、風俗、経済力の異なる伊豆、相模の二国の疎通をはかろうとした。

忠俊は、知事に就任してから、福沢諭吉から数々の助言を受け、アイディアをさずかっていた。忠俊がひときわ教育振興に力を注いだのも諭吉の意見によるところが大きい。一例をあげると、知事に就任したばかりの忠俊のもとに、一八七一年（明治四）一二月二日、諭吉から一通の手紙が舞いこんだ（『福沢諭吉全集』第二十一巻）。その一節にこんな文面がしたためられていた。

陳《のぶれ》ば此人は小野多十《（ママ）》郎と申小田原藩士、弊塾へ数年寄宿、読書は十分に出来候人物、此度《このたび》旧小田原県在来の学校に教師無之《これなく》に付是非とも同人之帰郷可致様《いたすべくよう》旧県よりの談《はな》しにて、故郷の義、無拠出立致し候訳なれども、唯今小田原え参候とも格別学校らしき学校も無之、其処《そのところ》え、多（ママ）十郎壱人参候ても恰《あたか》もはきだめに鶴の下りたるが如し。可惜《おしむべき》事なり。就ては此度豆相合併、来春にも相成候はゞ小田原之真の洋学校御取建可相成哉《あいなるべくや》のよし、必ずさなくては不相叶義《あいかなわざるぎ》、幸に其管轄内此人物あれば、今よりアシガラ県の学校御取建、同人を御雇ひ被成《なられ》候ては如何《いかが》哉。

この手紙のなかに登場してくる「小野多十郎」という人物は小野太十郎のことである。諭吉の忠俊宛て書簡からあらためて知ることができるのは、すでにのべたように、小田原県に英学のコースが設定されたとき、県から諭吉のもとに小野の割愛を依頼していたことである。依頼者は権大参事の堀江義勇らしい。小野が英学のコースに名を連ねていたのは、このいきさつがあったからであるが、諭吉と小田原藩―小田原県とのつながりは、前述の堀や小野の慶応義塾への遊学のような事情からしても、想像以上に密接であったらしい。

諭吉の手紙からもう一ついえることは、小田原県が学制改革をおこなったとはいえ、施設も貧弱で、小野ひとりを派遣しても効果はあがらないから、足柄県で本格的に「洋学校」を建設すべきであると提案していることである。そこには、洋学の府として慶応義塾が掲げた、人として学ばざるをえない「天真の学」の普及を、なんとしても信頼する知友の知事忠俊に託そうとする諭吉の心意気が読みとれる。だからこそ、前掲の書簡の文章に続けて、諭吉は忠俊にこう書き送っていた。

　小野多十《(ママ)》郎が小田原へ在ると申せば、同人は当塾中にても人望の属し候者ゆへ、外に同等の者も加勢に可罷出《まかりいずべく》、教師に御不自由は有之間敷奉存《これあるまじくぞんじたてまつり》候

諭吉の忠俊への全面協力の姿勢の表現である。

諭吉が目をかけていた小野太十郎（幼名毎大郎、後恒剛）は、小田原藩士七代目で、箱根関所の番士の長男として一八五二年（嘉永五）八月に小田原下幸田に生まれた。太十郎は、両親の意向もあり、幼少のころから、習字、漢学、馬術など文武の諸芸をきわめ、「素読」の格別の上達で、一八六六年（慶応二）一一月、藩命で「西洋学修業」のため、堀省三とともに江戸にでることになった。

　太十郎らは、はじめは武田斐三郎（幕府大炮差図役頭取）に入門し、翌年、一時病気の治療にあたった後、当時、鉄砲洲中津藩の邸内にあった福沢諭吉の家塾にはいり、さらに翌年、芝新銭座町の慶応義塾で洋学を学んだのである。その太十郎は、明治改元時にあいついで両親を失い、若くして、高一二六石余の家督を継いでいく。その太十郎は、なおも

慶応義塾に籍をおきながら、一時小田原にもどり、その間、藩知事大久保忠良の命で藩校文武館で英文を講義した経験もあった（「小野氏家図」小田原市立図書館蔵）。

ところで諭吉の推挙するこの小野太十郎は、洋学を確実に身につけていた。「小野氏家図」は、太十郎の「洋学修業」について、「旰宵《かんしょう》勉励殊ニ近来格別進歩之趣《おもむき》相聞へ」と記録している。そのためか、一八七一年のはじめ、太十郎は慶応義塾に講師を依頼してきた上総国の松尾藩の洋学校で二ヵ月間教鞭をとったこともある。

この小野太十郎の経歴と諭吉の推薦もあってか、忠俊は、小田原県から足柄県への事務引継ぎのさなかに太十郎に「一等文教師」の辞令をあたえていく。太十郎が、小田原で結婚した直後のことである。

共同学校の学習規律

柏木忠俊は、知事に就任してから諸改革にのりだしていくが、ひときわ教育の改善と普及に熱をいれていった。忠俊は、まず小田原藩時代からの藩校、集成館―文武館を日新館（小学校）に改組し、さらに共同学校（中学校）を開設した。小学校の設立にあたっては、共同学校のほうも兼ねて、忠俊は七人の吟味掛をおいた。学校吟味掛に任命されたのは、小山帰一、志谷才三、小川太一、小西治郎左衛門（町年寄兼第一区副戸長）、今井徳左衛門、旧本陣の清水金左衛門（第一区副戸長）、それに福住正兄であった（『明治小田原町誌』上）。

吟味役は、県の指揮のもとで校務を統轄し、学校の維持方法や学資の増殖の方法をこうじたり、監督にあたる役を課せられていた。この学校吟味掛にたいして、町年寄の清水伊十郎は「小前末々社寺江可申達候事」と、学校の存在を地域と社会階層の末端まで周知せしめるよう要請していった。

一八七二年（明治五）四月、県は集成館を閉館し、その校舎、書籍などをもらい受けて、前述のように日新館と改称した。また別に、早川口の旧藩主大久保家の浜御殿を借り受け共同学校を開設したのである。その実情を『明治小田原町誌』の諸資料で追っていくと、共同学校の職員は以下のような顔ぶれであった。

洋学教師　小野太十郎、洋学助教　堀省三、読書習字教師兼帯　小山帰一、教師心付不時出勤　中垣済宮、助教　村山玄全・横井伴治・村岡麓、習字教師　佐久間勉一・川口一重、算術教師水田春右衛門、洋算助教　早川庸人、和算教師　伊東源六、学監兼帯　志谷才三・小川太一、学監　柳沢直行・倉賀野栄・別府信次郎

また学科目をみると、「中学・英学・洋算」となっていて、洋学を重視している。この方針は、共同学校の管理運営や教育課程を定めた「学規」の基本に示されている。

学問ハ成才達徳ノ基礎ニシテ、我カ知識ヲ弘ムルハ勿論、海外諸州ノ情況ヲモ案シ、以テ良知良能ヲ完全シ、天下有用ノ器トナルヘキモノナリ、故ニ着実ニ学フヘシ

こうして、生徒は相互に切磋琢磨《せっさたくま》してもっぱら勉学に励まなければならなかった。その生徒にとって洋学に比重をかけた「教則」は、以下のとおりであった。

第五級理学初歩一及文典素読　数学加減乗除　第四級理学初歩　坤文典素読　数学分数術　度量権術(衡)　第三級ミツチエル氏地理書　文典素読　第二リートル講義　数学比例諸法　第二級格氏合衆国史　文典講義　数学比例諸法　利足算　第一級格氏究理書　合衆国史講義　数学開位求積諸法

また、この当時の共同学校の図書の種類と部数はつぎのような内容となっていた。

原書三部　経済書拾壱部　文法書弐拾部　歴史四拾部　修身書拾部　究理書廿五部　地理書拾参部　地図四部　語学書四拾参部　美術書弐拾部　辞書拾七部　天文書壱部　翻訳書参部　雑書七拾部

共同学校の生徒の概数は、寄宿生が三五人、通学生が三〇人となっていて、生徒は「勉強ヲ専《もっぱら》トシ、生徒相互ニ切磋ヲ加へ、無用ノ弁不急ノ案ニ時日ヲ費ス可カラス」と義務づけられ、毎月、学習した科目のテストを受け、席次が決められていた。また、「文典」（規

範文法）を解読できる能力をもつ生徒には春秋にそれぞれ試験を課し等級を定めることとした。なお、合衆国史、究理書の著者格氏とは、当時、アメリカの中等教育のジョージ・P・カッケンボス（George Payn Quackenbos, 1826–81）のことである。これらの書物は、幕末に諭吉がアメリカから持ち帰り、究理書は慶応義塾でテキストとしてもちいていたという。

生徒を厳しく規律づけようとする共同学校は、生徒の親戚、卒業生などといえども教室にはいることを禁止し、物売り人の校内への立ち入りも許さないほどの徹底ぶりで、人材養成の場を自負していた。また、生徒には、雑役人などにたいし粗暴な立ち振る舞いをとることを禁じ、講堂などの清掃を義務づけていた。こうした規律づけは、エリート（指導者）養成に欠かすことのできない洋学の文化知識と技術の学習を修得させるとともに、「四民平等」の訓練を身近なところでおこなおうとする試みでもある。

日新館の洋学傾向

共同学校での生徒の学習と生活の規律づけは、日新館においても同じ方針であった。ここでは、六歳から一四歳までの間に文章の読みかたを修得させ、それから徐々に講義と質疑応答をとりこんだ科目に進むカリキュラム構成をとっていた。そこには、「学問ハ成才達徳ノ基礎ニシテ、我カ知識ヲ弘メ以テ天下有用ノ器トナルへキモノナリ、故ニ着実ニ学フへシ」という日新館の「学規」を実践していく意気込みがよくあらわれている。この「学規」は、共同学校の「学規」とほぼ共通しているが、中学でひろい視野に立って磨く「良知良能」の基礎づくりに心がけていたかのようである。日新館の「教則」はつぎのようになっていた。

第一級　第二級　第三級　第四級　第五級

日本外史　皇朝史略　勤善訓蒙　史略　大統歌

読句
元明史略　官途必携　小学　国郡訓義　御誓文
清三朝事略　十八史略　論語
西洋各国史　西洋立志篇　学庸地学事始　孝経

誦暗
歴朝尊号　駅逓順名　国郡名　歴代年号
万国一覧　府県名　府県職員等級表

字習
公用文　窮理問答　往来物　国尽　イロハ　設題手柬
漢語用文　諸券状　五十音片仮名　相州郡村名　千字文
私用文　天地之文　数学支干　地球ノ文　名題字

算術　開法　比例諸法分数術　加減　乗除　九々合数表
　　　求積諸法　利息算　度量権衡
第一級　第二級　第三級　第四級　第五級
講義及質問　大日本史　国史纂論　日本外史　日本政記　史記　保元大記　通鑑易知録
　　　　　　左氏伝　国史略　詩経　環史略　西洋史記　元明史略　十八史略　書経
　　　　　　万国公法　西洋立志編　真政大意　学問之勧　西洋事情　官途必携

ここに掲げた授業科目がどの等級に配当されているのか、『明治小田原町誌』も原文では判然としないと注記している。ただ、注目すべきは、「句読」「暗誦」「習字」「算術」の組み合せ、さらに「講義及質問」のコースが置かれていることである。「句読」、すなわち文章の読みかたと「暗誦」にかんしては、ときどき復習して記憶した文章などを口にだして発音することを義務づけていた。素読である。そして文章も着実を本位とし複雑にわたらないよう指示していた。

また、テキストをみると、全体として『元明史略』『十八史略』『論語』『左氏伝』『詩経』『書経』などの漢学、『日本外史』『大日本史』『日本政記』などの国史、国学とともに、『西洋史記』『西洋各国史』などのヨーロッパ史、サミュエル・スマイルズ（Samuel Smiles,

1812–1904）の *Self Help*（1859）の中村正直訳『西国立志編』（一八七一年）、加藤弘之『真政大意』、西周訳『万国公法』など、洋学にふかく根ざした新しい教科の内容に重点をおいていた。また、福沢諭吉の著作『西洋事情』『学問のすゝめ』も講義のテキストにとりあげていた。『学問のすゝめ』は、おそらく初編であろう。

日新館の蔵書の種類と部数は、

国典五拾四部　御宸翰五千部　国史九拾七部　雑書二百拾壱部　経書四拾五部　子類五十二部　歴史七十三部　集類十一部　訳書歴史二十五部　雑書百五拾五部

となっていた。

日新館は、まえにふれたように藩校の集成館を引き継いでいたから、当時としては学校らしい体裁を誇っていたらしい。敷地は三六〇〇坪（約一万一八〇〇平方メートル）、建坪は一九八坪（約五九四平方メートル）あり、生徒の概数は寄宿生が七三人、通学生徒が三五〇人という収容能力を誇っていた。

それだけに、県も町も学校の活用に意をくばり、「赤貧ノ生徒ニハ用書ヲ貸与」するという保障の手をほどこしながら、社会の隅々に学校の門戸を開いていくようにした。そして、日新館のカリキュラムをみても分かるように、小学校の課程で、程度の高い漢学、国史、国学の知識を徹底的にたたきこみながら、洋学の吸収につとめようとしていた。なかでも、福沢諭吉の著作を中心に、スマイルズの翻訳などをつうじて、人びとの生活の場から文明開化の息吹きをとらえようとしているのが目をひく。この動きは、どうやら当時の一つの風潮のようであったが、ここ小田原では、諭吉とのかかわりがふかまってきているところへ、柏木忠俊が登場したこととあいまって、ひときわ洋学への関心がたかまっていったようである。

文明開化への知の力

日新館、共同学校の開設にともない、足柄県も小田原の町方も学校の役割の普及に力をいれていた。開設の二ヵ月後の一八七二年（明治五）四月一五日、杉本芳照権参事（副知事）は、日新館に小田原駅、宿およびその周辺の村々の戸長、副戸長、名主、取締組頭を集め、学校設立の趣旨をのべ、児童、生徒の勧誘などについて演説をおこなった。その骨子は、これまでのように「読み書き算盤《そろばん》」を無視した「口」から「耳」への「口耳之学」では「旧弊一洗」「百事御一新」の明治の時代にそぐわないから、「政教一致」の趣意にもとづき農工商の老若を問わず学問をすべきであるという点にあった（『明治小田原町誌』上）。

学校経営への努力

この間、県は学校と地域との間の溝をうめる手だてをこうじていた。それは、『小田原市史史料編』近代Ⅰに収録してある「有浦文書」であきらかなように、天皇からの達《たっし》をはじめ布達などを高札場だけではなく学校へも数十日にわたり張出し、これをみるよう県が文書として各戸に連絡していたことをひとつとりあげてみても分かろう。といっても、一般に学校への理解をひろめるにはいろいろな工夫が必要になっていた。今日ふうにいえば、学校の場を利用しての社会教育風の諸行事はそのひとつの試みであった。つぎの一節は、日新館、共同学校の開設から一ヵ月後の五月一四日付の町年寄の勧誘文の一節である（『明治小田原町誌』上）。

入学の者に無之農商老若に拘らす学問のすちといふものは詩文の三計のむつかしきに而ハ無之訳今日御政事と人倫の道とをしるためにすることなれハ当月十三日後より毎月三の日九ッ時より於小学校二輪講有之候間町役人ハ別而小前末々の者迄も平日家業を出精いたし置三の日ハくり合せ聴聞に罷出候様小前末々迄無漏《もれなく》よくよく可被申諭《もうしさとさるべき》事

この試みは、日新館、共同学校の教師が「官途必携」その他の書籍をもとに、小前（貧しい百姓たち）にいたるまでさまざまな職業の人びとに、学ぶ意味を身につけさせようとするものであった。毎月三の日というから月に計三回、午後一二時からの講義であり、なんとしても、ひとりでも多く読み書きを身につけさせ、時代の新しい知識を普及しようとする県と町方の関係者の熱意を読みとることができよう。社会の隅々にいたるまで学校への関心をひろめようとするこの努力は、柏木県政の特徴の一つであった。

このような学校教育への情熱にもかかわらず、経営はかならずしも順調ではなかった。『明治小田原町誌』の記録によって共同学校の場合をみると、初年度の計算では、支出金は年額およそ一二〇〇円にのぼっていたが、不足金は七三六円八七銭四厘となっていた。そこでこの赤字を補うために、資金繁殖掛の学資預金貸付利潤ならびに小田原士民（士族と平民）の課出金を充てようとしたが、その不足を補うことはできなかったようである。そのため、共同学校、日新館に下付された旧文武館の資本金の新公債証書一万七四〇円四分の年利を充てていった。この赤字経営は、二年目も改善をみることができず、三年目にはやむをえず原資金をあてざるをえなかった。このような学校維持のむずかしさは、日新館の場合も例外ではなく、ここでも、共同学校と同じようなかっこうで不足分を補おうとしていた。

それでも、日新館、共同学校は、小田原県から引き継いだ学資金一〇〇〇両を経費にくわえることを政府に上申し、その許可をえていたから、まだましなほうであった。それというのも、一八二二年（文政五）、「名君」と呼ばれたときの藩主大久保忠真《ただざね》が、藩子弟の文武教導のために藩校の集成館を小田原城の箱根口門の脇（現三の丸小学校内）に創立し、その土台金一〇〇〇両が学校維持資金として受け継がれてきたいきさつがあったからである。この土台金は、戊辰《ぼしん》戦争のさい小田原藩政が疲弊の極みに直面し、一時閉校におちいったさいにも、旧藩主が自身の財産を処分し、土台金にくわえて学校を維持し、「勉励修業」の場としていった経緯もあった（『神奈川県史料』第九巻、神奈川県）。

幕末、維新期からの藩の熱心な育英事業の伝統を受け継ぎながらも、新県間もない事情もあり、共同学校、日新館の維持資金は前述のようにままならなかった。いつ廃校の運命をたどるか分からない。そこで、学校吟味役である福住正兄は、共同社と称する会社ふうの組織をつくり、社の寄付金で貸付事業を始め、その収入で学校を支えていった。一種の報徳仕法式維持法である。そのためか、共同学校の経営は徐々に隆盛の一途をたどっていった。教育の普及と経営の責任は、正兄の肩にかかっていたのである。それだけに、柏木忠俊と正兄の関係は、忠俊の積極的改革主義の思想に正兄が共鳴し、そして忠俊もまた正兄の考えかたを評価したこともあり、密接になっていった。

教育改革のゆくえ

正兄は、柏木知事のとる教育施策を支え学校経営の一端をにない、改善をはかろうとしていた。また、忠俊も正兄の実践力に全幅の信頼を寄せていたようである。それにしても、平田篤胤の国学や復古神道に深く傾倒してきた正兄が、西欧思想と技術を身につけてきた忠俊に心服していたのは、同年の誼みもあるが、なんといっても「進取」の気性をもつ正兄が、「改革」主義を打ちだしている知事と共通の土俵で新しい時代を切り拓いていることを意識していたからにほかならない。

柏木忠俊や福住正兄らが学校づくりと学ぶ風景を変えていく意気込みをもっていたとしても、資金や設備、教員の確保と待遇のような問題をめぐってたえず困難がつきまとっていたようである。たとえば、一八七二年（明治五）三月二七日付の福沢諭吉の柏木忠俊宛て書簡は、このへんの事情をそれとなく告げている（『福沢諭吉全集』第二十一巻）。

手紙の内容はこうである。まず、学校建設になみなみならぬ関心を寄せてきた諭吉は、「御地学校も御開相成候よし、追々御盛の義と奉察候」とのべたうえで、小野太十郎の件をもちだし、小野は小田原に滞在していても思うようにならないらしく、それでは諭吉も困るので、小野を東京へもどしたいという趣旨を伝えてきたのである。文面は以下のようになっていた。「内々同人の心事を承候得ば事実難渋のよし。（中略）今日に相成難渋と申候ては私も面目を失ふ次第、（中略）右に付愚按に、小野氏は暫《しばらく》東京へ御出し相成」と。

小野は、すでにふれたように前年暮に妻帯して高室勇馬の屋敷内に一小家屋をつくり妹と三人で暮し、その後四月に花畑に家を求め、共同学校の教師となった。「小野氏系図」によると、足柄県から「中学校教師申付候事」「月給三拾円下賜候事」とある。小野は諭吉の心配にもかかわらず、一八七四年（明治七）一月、慶応義塾の教員になるまで、足柄県の教育に心血をそそいだのである。その事情は、この年の春、足柄県が「英学校設立以来教官ノ職務一人ニテ請持勤労不少」という名目で小野に二〇円賜っていることからもうかがえよう。そこには、県の小野にたいする謝意がこめられていた。

共同学校・日新館にとって、福住正兄や小野太十郎のように学校づくりに貢献していく動きとともに、諭吉のように外部からの強力な支持者、助言者が存在している意味は大きい。さきの手紙で諭吉も、「小田原の学校えは担当の人物相撰、他国人を雇ふ方可然《しかるべく》、其人物は、私方の塾より御世話可仕《つかまつるべく》」と、したためているほどであった。諭吉のこの申し入れは、日の目をみなかったが、このような諭吉の全面支援の熱の入れかたはなみなみならぬものがあった。

ところで、一八七三年（明治六）にはいると前年の学制頒布にもとづき、四月には、日新館のほかに、新玉の本源寺を借り受けて小学啓蒙館が生まれ、八月に一丁田の宝安寺を校舎に借り受け、一丁田学校と名付けて開校した。学校の増設は、小学校に通う児童、生徒が増えたためである（『明治小田原町誌』上）。この間、日新館は公立小学校となり、各学区に学務のすべてを担当する学区取締をおいた。学校吟味掛と学監は廃止となった。こうして、日新館をはじめ啓蒙館を先頭として、県官の説得により小学校がつぎからつぎへと設立された。いま、県下の第一大区（相州分）を『神奈川県史料』第九巻でみると、一八七三年七月現在、小学校の数が三五、その支校（出先校、分校）が八〇、水善学舎（吉岡信之）、稚松学舎（拝郷いの）のような家塾が二一で、公立の小学生徒数は七九〇二人（男五九七〇人、女一九三二人）、家塾生徒数が八七四人（男三八〇人、女四九四人）にのぼっていたようである。

教育振興と教員研修

この年の五月、足柄県全域をみわたすと、県の努力により、一小区に一小学をおく計算で五二小学校が開校となり、しだいにその数を増していく傾向にあった。しかし、地域経済の事情は落ち込んだ状態が続き、徴兵制の導入や地租改正という土地制度の改革への動きもあり、民心の戸惑いもあった。そのために、小学校へ子どもを送り通学させたものの、授業料の支払いもままならない家が多く、学校経営も骨の折れるありさまであったらしい。また、一般に困窮者が多いせいもあってか、民衆のなかにはあいかわらず「学問ノ必須」を理解しようとしないむきも強かった。こういう事情を察知し、かつ学校教育の振興をはかるために、足柄県はさまざまな試みをおこなっていた。『文部省第一年報』（一八七三年）はその一つの材料を提供しているかのようである。

まず、授業料について、県は、県下の二万五二五人の児童、生徒のうち、その定額を支払うことができない家々が多いのをみて、「束脩」（入学金）一二銭のほか、生活の実情におうじて一等五〇銭、二等二五銭、三等一二銭、四等六銭に分けて就学率をたかめようとした。また、生徒のうち九歳以下を「下等生」それ以上を「上等生」とし、六ヵ月の修業で進級させ、「下等生」には「正則」（正しいきまり）を課し、学業成績のすぐれた生徒には随時試験をおこなってそのつど進級させる便宜をほどこすようにした。しかも、九歳以上の就学希望者には、変則のカリキュラムを組む工夫も指示していたらしい。

このような算段をこうじ、小学校の増設に積極的であった県の頭を悩ませていたのは、情熱のあるすぐれた教員を確保することであった。第一、教員の絶対数も不足していた。そのため、県は本庁所在地の小田原の日新、啓蒙、一丁田の三校と、支庁のある韮山《にらやま》の一校で、県内各地で選抜された人間を対象に、「授業ノ方法」について講習会を開いた。その結果、「下等小学科」の授業法をある程度理解させることに成功したようである。しかし県としては、小学校の急増にそなえ、数百名の教員を確保するための講習を開くのは困難であるとみていた。そこで、「教員陶冶《とうや》」の手段を改善するために、本庁、支庁の膝元《ひざもと》で小学講習所を設立し教員研修を実行するプランをたてようとした。

県は、一八七四年（明治七）三月、足柄県権令柏木忠俊名で政府にたいし、「官立学校講習所設立ノ儀開申書」を提出したのである。「開申書」の目的は、変則中学の義塾（共同学校の後身）では英学の成果をあげてきたが、その英学を予科におき、この機関を「師範生徒講習所」にしていく点にあった。申請の趣旨は、つぎのようになっていた。

> 生徒漸々増員、学校追立、従テ教官数百名ニ及候得共、勉年生ノ如キハ駸々《しんしん》致進級候ニ付、教官難耐其任ハ眼前、殊ニ学問ハ目今ノ急務ニシテ暫モ難闕《カケガタキ》故ニ、允当《イントウ》ノ教員従佗管致採用度モ候得共、当今民費多端ノ際難耐、其資給ハ必然ニ付、於管下耐任ノ者培養ノ外無之、依テハ今般本県元ハ速ニ韮山支庁元モ人民ノ情願ニ寄、追テ更ニ講習所ヲ開設シ其生員ヲ募リ、専ラ小学課業ヲ研究セシメ、卒業ノ末逐次派出シ、諸校ノ授業ニ不差支様致度

この「開申書」の講習所設置への許可願の特色は、寄宿設備がある義塾を講習所とすること、韮山にも同様な施設をも設置するという具体性をともなっていたところにあった。そして、申請は義塾などで小学校に必要な教科を研修させれば、小学教員の補充の見通しもつき適格な教員も確保できて、古い習慣を打破し、学校の資本も増え、教育の道も隆盛をきわめるであろうとしたためていた。

小学教員講習所設置のこの申請は、東京師範学校の体裁にもとづいて教則をつくり、教員養成に専念すべきということでただちに許可になった（『神奈川県史料』第九巻）。そこで、これまで積極的に学校の設置と人材教育の趣旨の普及をはかってきた足柄県は、この機会に教員養成に拍車をくわえたのである。

この年の一一月、柏木知事は、各小区副区長宛てに県教員講習所の「徴集生」（講習生）の定員予定の半数にあたる三二名を月末までに選抜するよう指示した。しかも、この間、県は大区会議で「教員陶冶ノ方法」についての案件を討議に付し、学校掛が提出した教員講習所の「設立方法及教校規律生徒徴集規則」を代議員の万場一致で可決していた（『小田原市史　史料編』近代Ⅰ）。ここに「良智」をみがき、「良能」をうながし「国家有用」の人材を育成できる展望が大きく開けてきたといえよう。

民力底上げと改革の手だて

経済力と社会状態

柏木県政のもとで、山間僻地《へきち》にも小学校が設立され、「頑愚蒙昧《がんぐもうまい》」の風はすこしずつ改善されていった。それも、柏木をしていわしめれば、小区の区戸長、学区取締の協力と父兄の義務感と子弟への愛情による成果であった。「学」にはげむことは、「身ヲ修メ、知ヲ開キ、才ヲ長シ、産ヲ興シ、業ヲ昌《さかん》ニスルノ財本」であるという理解が地域の草の根にひろがりつつある証しでもあった。

ところで、教育網をはりめぐらし、「知」の向上をはかるうえでも、問題は、当時の民力がどのような状態にあったかがふかくかかわってくる。そこで一八七三年（明治六）調べのデータで、多少加工しながら県内の民力の現勢をとらえておくことにしたい（「足柄県概表明治七年」小田原市立図書館蔵)。

足柄県の管轄は、相模国の内の六郡三九町三八一村、伊豆国一円四郡三七町二八一村、伊豆七島二二村にわたり、人口は三四万四三六九人となっていた。旧国別の反別と石高をみると、相模国が約二万四一二八町歩で約一七万八六六二石、伊豆国が約八一七六町歩で八万三八九四石となっていて、伊豆七島は約六六三町歩で仮石高は一万石積であった。また、県財政の実情のうち歳入面をみると、総額四一万一九四二円六〇銭二厘、一九三〇石二升八合となっていた。このうち正租が米分では一〇〇%、金額では石代金の九一・七%の三七万七九二五円四七銭三厘で、残りの八・七%が清濁酒、醬油税の九一四〇円八銭八厘(二・二%)、雑税一万七五〇一円一銭六厘(四・二%)、以下証券印紙税、銃猟税、船税、絞油税の順となっている。

いっぽう、東隣の開港地横浜を抱えた神奈川県を「明治六年十月神奈川県治一覧」でみると、人口の総計は五二万五二六七人で、歳入は金四六万六六二円四〇銭七厘九毛、洋銀七万二〇〇四ドル四〇セント、米八八五五石となっていた。この歳入の内容で目をひくのは洋銀貢納であり、これは横浜に在住する外国人二七〇一人の居留地(関内)からの地租、地所雑費、家租などの収入である。また神奈川県では、歳入の貢納金三五万八〇五五円三銭六厘のうち六二・八％が石代金、二二・二％が畑租で、計八五％が農業からであった。さらに、県租一〇万八六〇七円四五銭一厘九毛のうち、商法歩合が七五・五％を占め、貢納金のうち一五％が横浜地租・雑税であった（多仁照広編『多満自慢石川酒造文書第五巻』付録、霞出版社）。このような事実を勘案すると、神奈川県の場合は、横浜、そして絹糸、絹織物の集散地として多摩の八王子を擁し、足柄県にくらべると産業化、都市化（市街化）への動きがめだつ。

しかし、この二つの県の人口や歳入規模を大雑把に比べてみても、足柄県の財政事情は神奈川県にくらべてそれほど格差はない。ただ、農業が圧倒的な主産業となっていて、生産労働力人口のうち八一・六％の男女一七万八二四二人が農業に従事している足柄県において、耕地面積と生産高において、前述したように、相模国六郡と伊豆国四郡との間では大きな差があること、さらに「雇人」に属する人口が男三万九二三五人、女二万五二六一人と、全体の一一・六％にのぼっていて、民力がやや劣るという経済問題が横たわっていることである。そして、商工業従事者は、商業が七三一二人、工業が五〇五七人でそれぞれ三・三％、二・三％という低い割合で、これらの職業人の多住地域は、小田原を中心に、平塚、大磯宿など、相模国の東海道筋に集中していた。伊豆国では強いてあげれば、修善寺、下田あたりである。遠く辺境の地と市街地を結んで生産と流通のルートを開発し、産業化を推進していくためには、相模と伊豆の二つの国を遮断している箱根山塊の立ちはだかりが大きな隘路になっていた。

たしかに、箱根山塊で区分けされ、地勢、民力、風俗、習慣、民情を異にする二つの地域をどう統合して一つの県として形づくっていくかが、はじめから知事柏木忠俊の頭を悩ませていた政治・行政上の難題であった。そこで問題は、忠俊が、小田原藩知事大久保忠良のとってきた町内の「生活共同体」の和をうながす町改革をバネにして、どのような政治、行政指導を推進していくかにかかっていた。

開化への絆の強さ

足柄県が設置されるころ、県庁の所在地小田原では経済力がやや落ち込み、社会不安が街を覆っていた。当時、一八七二年（明治五）二月現在で小田原の戸数は二九九五戸、人口は一万三三〇六人で、そのうち士族の戸数は一一三二戸、士族関係者数は五六一九人で全人口の約四二%にのぼり、安定した生計を営んでいた士族の戸数は全士族戸数の三〇%にも達しないありさまで（『明治小田原町誌』上）、雑業層とともに貧窮にあえぐ士族の救済も焦眉の課題になっていたのである。

ところで、明治の改元から版籍奉還、そして、足柄県の新設にかけてこの地の新しい制度づくりは、ことのほか連続性の強いものであった。それは、旧小田原藩主大久保忠礼、藩知事大久保忠良が、明治改元―「御一新」のさい改革に乗り出したことと関係していよう。この改革の動きは、藩論の不統一が尾をひいていたせいとか、深刻な経済事情、士族や人民の不平のつのりや反抗を憂慮してのことであったが、藩の開明派の力が大きくあずかっていたようである。また、忠礼、忠良も明治維新政府の命により「政令二途」にでざる観点に立って地域の秩序の形成に腐心していた。

この間の事情は、廃藩置県にあたって一八七一年八月、大久保忠礼と忠良の連名でしたためた小田原県下の「民庶中宛」の所信からみてもあきらかである。忠礼らは、忠良が藩知事の任に就いてきたいきさつにふれ、版籍奉還後といえども、「旧習猶芟除《さんじょ》セス政令多岐ノ弊アリ、其名有テ其実無ヲ以テ、今一層御釐正《りせい》在セラレ」たと、その問題点について指摘していた。そのうえで、彼らは、新しい県制度についてこうのべていた。「藩ヲ廃シ知事ヲ免セラレ、真成郡県ノ古ニ復シ政令一途ニ出、内以テ皇国ヲ保安シ、外以テ万国ニ対峙スルノ基礎ヲ立玉フ朝意ノ公正ナル天下ノ至幸実ニ感戴スルニ余アリ」と。

大久保忠礼、忠良が県民にあててその所信をのべたのはほかでもない。両人は、この機会に命により華族として東京にもどらなければならなくなり、小田原の地を離れるにあた

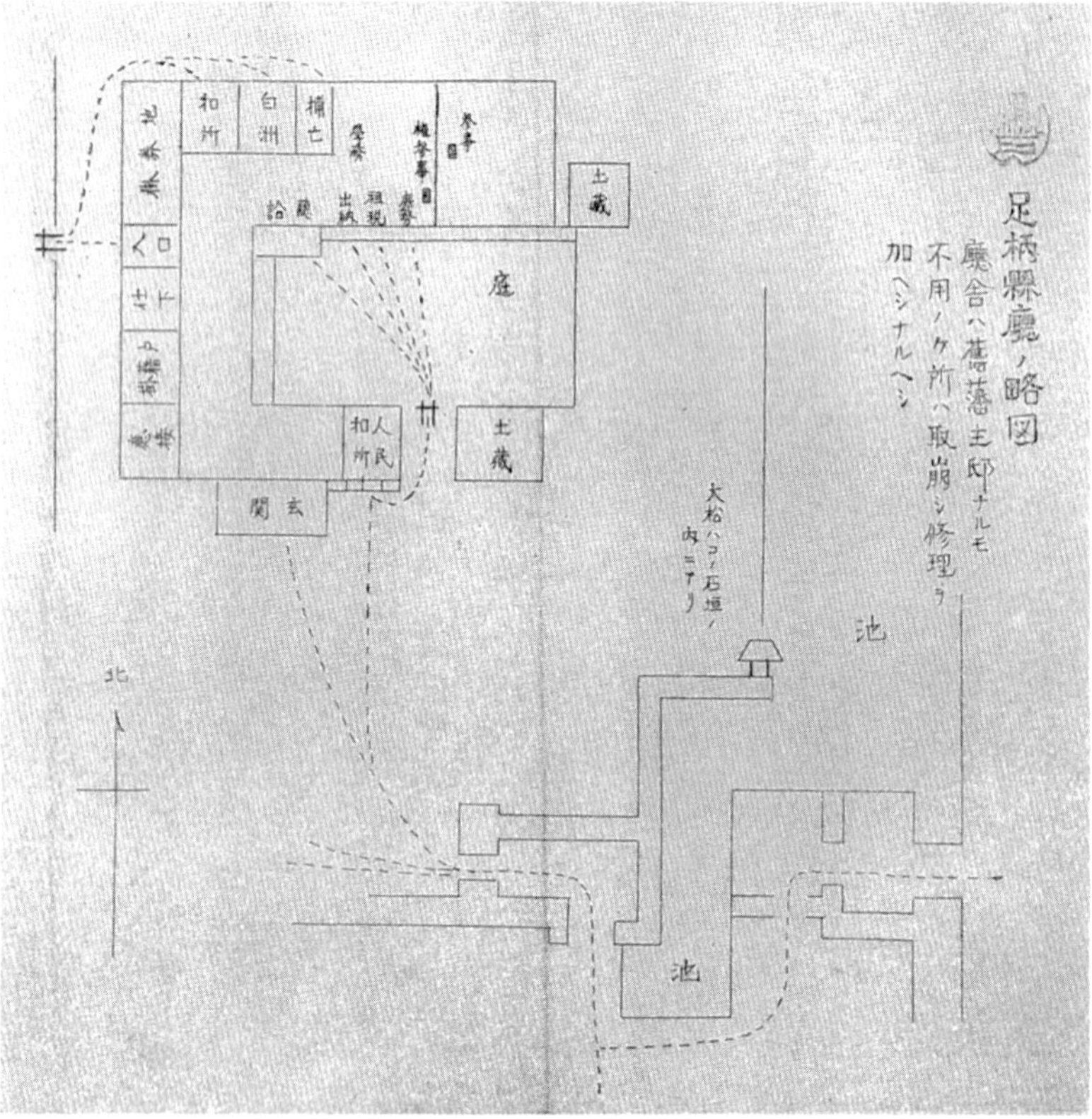

図９　足柄県庁の間取り（『明治小田原町誌』小田原市立図書館蔵）

り、彼らに政令、県庁の指令を尊重し、それぞれの職業に精をだすようさとしたのである。忠礼、忠良は、小田原の人民との別離にさいし、今後は私情を捨て、「誓テ庁令ニ背ク無ク、官吏ノ可否ヲ私議スル無ク、混テ政令ヲ遵奉《じゅんぽう》シ、各其分ヲ守、其業ヲ励ミ、永ク報国ノ志ヲ忘ル、無ランコトヲ希望ス」とのべていた（「大久保忠礼・忠良の廃藩置県について」内田喜雄家蔵）。また、忠礼は、柏木忠俊県参事と杉本芳照権参事（前伊万里県小参事）を小田原に迎えるにあたり、町民たちに「御直書」を布告して、「朝旨」を尊重すること、万が一にも、新任知事と意見を異にして争いをひきおこさないように諭していた（『明治小田原町誌』上）。

大久保忠礼、忠良は、版籍奉還後の二、三年来、小田原の町年寄、伝馬《てんま》取締、名主、組頭、惣代らとの交流を密にしてきたせいか、ことのほか新県設置にともなう社会混乱や反目を防止するうえで、彼らの力に期待をかけ神経をくばっていた。と同時に、足柄県のトップ・クラスの官吏の職には、小田原県の資質に富む有用な人を登用する手だてをこうじていたことも注目してよい。

ちなみに、小田原県から足柄県に移った主な官吏を「小田原県官員人数分課取扱」（柏木俊孝家蔵）と「足柄県出仕御役各記」（国文学研究資料館蔵）でみると、柏木参事、杉本権参事についで九等庶務聴詔には大久保忠重（小田原県大参事）、九等租税出納に石原重庸（同権大参事）、十等庶務課永原俊章（同大属）、十一等石原重固（同小参事）、十一等牧野之方（同大属）などの顔ぶれになっている（『小田原市史 史料編』近代Ⅰ）。人によって、地位、身分の変動があるが、いずれも旧小田原藩の士族の有力株ともいうべき人びとであった。しかも、小田原県のときと思われるが、官吏と町名主たちについての考課表もつくられていた。「辛未十二月内聞書」（柏木俊孝家蔵）がその証拠である。

人物考査の内容は、朱書となっていて、なぜか、変名をもちいている。しかし、身分が明示してあるので本名はすぐ分かる。まず、大久保忠重をみると、その評価は、つぎのようになっている。「読書ハ格別不致候得共随分才気有之、他県江被召申説も有之、開化心ハ格別有之」。また、石原重庸については、「如何にも手堅候、大坂三万石ヲ壱人にて相預節此人にてよろしきと申者又不宜と申説も有之、全クハ手堅き由」という人物評になっている。その弟、石原重固にかんしては、「兄戒三《（重庸）》殿より劣り候得共、よろしき由と申又不宜風聞も有之」と。さらに小田原県の権大属で会計掛をつとめ、足柄県の出納課十二等の福住英勇は、「学文も有之、如何ニも正直又隠徳家にて人ヲ救ひ候事も度々有之候由」と最高級の評点を受けていた。このように、官吏の人物考査は、その長所短所もふくめて客観的な叙述となっていて信頼度はたかい。しかも、官吏のなかに「開化」への関心度が強いことが、目をひく。

また、小田原の町名主二二名の財産調、職業、性格についての査定をみると、「困窮」「身代不如意」「身代よろしからす」「人物格別よろしからす」というレッテルを張られている人物が二、三散見されるが、がいして資力もあり、「堅気一方」「随分働者之よし」「手堅き人物之由」と評される町の有力者が多い。

この考課表を柏木知事が入手したことは、柏木が行政指導の効率をあげていくうえでプラスになっていた。というのは、町名主の査定をみても、柏木県政を支える社会的基盤は保障されているし、行政内部の「開化」への足固めも確実になっていたからである。

柏木県政の改革論

県庁所在地の小田原の人材からみれば、柏木県政の前途は、洋々たるものがあるとみてよい。柏木にとって最大の難題は、財政問題と、さきにいいかけたように相模と伊豆の二つの国の風俗、習慣などの差違や民力の差をもたらし、その格差を是正するうえで障害となっている箱根の嶮にどう対処するかということであった。

そこで、柏木は一八七二年（明治五）一一月創刊された『足柄新聞』を利用して、政府の布告や県の達を県域にひろくかつ迅速に伝える努力を重ねていた。『足柄新聞』は、一八七一年（陰暦明治三）横浜の地で誕生した日本ではじめての活版日刊新聞である『横浜毎日新聞』につぐ活版紙で、不定期ながらユニークな新聞で、共同会社の名で編集していたようである。

この新聞を企画したのは、のちほどとりあげる若き進歩的な地域指導者中村舜次郎である。このときは、第一大区一二小区松田惣領戸長をつとめていた。その彼は、県下の「中央」と「僻遠の地」の文明開化の差に目をつけ、民衆のために新しい時代の文明をいかにすばやく伝達し、また、人びとの声を行政の場に吸い上げていくかを考えて新聞の発行にのりだしたのである。事実、『足柄新聞』第一号では、「豆相ノ州タル函嶺《はこね》天城ノ二山各大区中ニ蟠屈《ばんくつ》シ、地勢狭隘人民固陋《ころう》、随テ新見異事ノ伝播《でんぱ》」がきわめて遅く、そのために「人々ヲシテ知見ヲ広メ開明ニ進」んでいくことを目的に掲げていた。

新聞発行は、「豆相ノ州」を結びつけるコミュニケーションをつくりだす新しい役割を担っていた。この情報伝達手段は、この年の三月、県が朝廷や太政官政府の達や布告などを学校や街の高札場に一〇日間張りだしておくので、民衆はすべからくこれをみるよう、達をだしていたその措置を一歩進めたものである。『足柄新聞』に読者の投稿記事欄が設けられたのも、そのあらわれであった。柏木はこれを重視し、『足柄新聞』を積極的に活用していたようである。

『足柄新聞』の第一号と二号には「太陰暦」から「太陽暦」への改暦詔書と布告、足柄県の奏任（二名）、判任（四三名）などの官員名、県公表の小学校の「郷学課」、新歳式の予定表など、県の人事や施策、布告などが紙面を飾っている。このような記事が載っているのをみると、県が『足柄新聞』をメディア（媒体）としてこれを活用し、明治の新しい時代に民衆を啓発し社会関心をもたせようとしていることを読みとることができる。

柏木は、知事として民情に目を配り、公正な考えかたをもって県内の各地を平等にとりあつかうことを政治信条にすえ、その信念をあらゆる機会をとらえて施策や提言に生かしていこうとしていた。

たとえば、管内の宿・助郷《すけごう》金の滞納がかさばみ、哀訴もあらわれるなかで、柏木知事は、地方官が苦慮していること、民衆も怨嗟《えんさ》の声をあげている事情を重視し大蔵大輔井上馨宛てに善処方の建白を提出していった（「管内宿助郷金滞之儀ニ付大蔵省江建白」『足柄新聞』第一号）。また、知事は、県と地域の宿、村々との連携を密接にし、意思の疎通をはかり、新しい政治秩序をつくりだす緻密な手だてをこうじていた。一八七三年（明治六）一月の柏木忠俊名による県庁布告をみると、宿、村役人への呼出し、取調べの月日や時間を厳守すること、「不差急事件」は都合のよいときに人づてで伝達し、できるだけ失費を省くようにすること、「水旱損風災等届」「堤防橋梁樋類破損届」などの書面での提出分は封書で差し出すようにして、当事者および添人はあえて出頭するにおよばないといったことがらが明記されていた（「県庁ヨリ御布告之写」『足柄新聞』第一号）。

柏木知事は、学制頒布、徴兵制の実施とともに、大改革事業の一つである地租改正事業に先立ち地券取調べの政府の指針を徹底させながら、地券取調御用掛に「地ノ実価」を「斉平均一」にするよう、政府の土地政策を公平に実施していくことに気をくばっていた（「県庁ヨリ地巻取調御用掛へ申渡シノ写」『足柄新聞』第一号）。柏木のその信念は、一八七三年九月一二日付の柏木の松方正義租税権頭宛ての地租改正事業の着手の順序にかんする回答のなかに示されている（「地租改正事業着手準備進行状況に関する回答書」柏木俊孝家蔵）。

この回答書のなかには、いくつかの注目すべき提言がみられる。なかでも、耕地調査のなかで、反別の「実地減縮租税ノ偏重」に苦しむ村々があるので、公平を期し、人民の猜疑心をとりのぞくためにも「租税偏重」にあえぐさびれた村を選んで精密に調査と整理をおこない、地価を算定してモデルを作成するよう強調していたのである。

柏木が心がけているのは、民衆と村々の「多年ノ疾苦」を解くこと、「民心官裁」の信頼をかちとっていくことであった。

代表制の実演

柏木が知事として民衆の世界に文明開化の輪をひろげ、民力をたかめ民衆の日々の生活を保障し、秩序を維持していくためには、地域にたえず目をくばり、さまざまな人びとの声を行政に汲みあげていかなければならない。そこで、柏木知事は、一八七二年（明治五）一一月、足柄県に大区小区制が設置されたのをきっかけに、地域に根ざす政治家としての本領を発揮していく。柏木は、政府の意向もあったようであるが、大区小区の設置にともない、「当管内別紙之通大区を設小区を置区長差定候、従来之戸長副戸長ハ副区長、名主役者戸長、年寄組頭役者副戸長ト改唱、事務取扱方者是迄之通ニ候事」（「足柄県大区小区設置に関する件達」了義寺蔵）と、これまでの重立層を大区小区のリーダーにすえ、県官吏との絆を強化しようとした。

ちなみに、足柄県の「当管内別紙之通」という大区小区制は、つぎのように分けられた。第一大区は相州の足柄上下郡（小区一四）、第二大区は相州の淘綾《ゆるぎ》・大住《おおすみ》郡（小区一二）、第三大区が相州の愛甲《あいこう》郡、津久井《つくい》郡（小区六）、第四大区は豆州の田方郡、君沢郡（小区一〇）、第五大区が豆州の賀茂郡、那賀郡（小区一一）。大区小区の行政制度を活用するうえで、柏木は、福沢の説いたような代表制を足柄県で制度化しようとしていた節がみえる。たとえば、「足柄県大小区議事概則」があきらかにしているように、大区小区会議のもつ意味を鮮明にし、その役割をことのほか重視していた（『神奈川県史　資料編11　近代・現代1』政治・行政1）。「概則」は、大区、小区のそれぞれの会議が、「地方事務ノ最大ナル民産ヲ富殖ニシ、安寧ヲ保護シ、民智ヲ開闡《かいせん》シ、民権ヲ保全スル等」を目的にかかげ、その効果をあげるために、県の官吏と区戸長が責任をもち、実行にあたるべきであるとのべている。そして、会議のありかたについて、「上旨ノ嚮《むか》フ所ロ下ニ貫徹シ易ク、人民ノ情願スル所ロモ亦暢達シ安シ、其上下協和気脈流通セシムルハ、合同協議シ、各其胸臆ヲ披キ、肝胆ヲ咄露シ正義極論スルヲ以テ第一要義トナス」と民主性と公開性を原則にすえていた。柏木は大区小区の会議を民会のように構想していたのである。

大区会議は春秋二回開くことにしていた。会議の会頭（代表）、幹事、議員のすべては民衆からの公選によっていたが、しばらくの間は柏木知事が会頭をつとめ、担当官吏が幹事、正副区長が代議員となって会議を運営した。議題は、県内の「一般人民ノ公益ヲ保護」することを根本の方針にすえていた。

その具体的な要点は「旧染ノ陋習《ろうしゅう》ヲ破リ開化ヲ勧誘スル事　民費賦課ノ方法幷費用ヲ

検査スル事　学校病院ヲ設立シ并保護維持スル事　勧業ノ事　済貧育幼授産方法ノ事　水利堤防道路橋梁ノ事　保護警察ノ事　予備凶荒ノ事」というように、民衆の生活慣行の改善、経済活動から環境整備、教育、文化、医療施設、福祉関係のすべてにわたっていた。

大区会議で、このような審議事項を設定したことは、近代の新しい地域づくりに必要であるとはいえ、人びとの声を反映しようとする手続きをとっている点に注目すべきであろう。また、大区会議での議題は、『明治小田原町誌』の一八七四年（明治七）一〇月八日の第一大区二小区の記録にあるように、小区でも同じようにとりあげられていた。なお、小区会議の構成については、副区長のなかから会頭および幹事を選び、代議員は各村町駅ごとに正副戸長のなかから一名、「相応ノ家産」をもつ階層のなかからもう一名を公選するしくみをとっていた。

このようにみてくると、大区小区の会議をイギリスの議会のイメージと重ねながら代表制による民会として位置づけた柏木は、大区の正副区長と小区の正副戸長に、県行政と地域を結びつけていく代議人としての役割を課していったのである。このことは、「足柄県大小区議事概則」のなかの「大小区会議概則」にでてくる「公議輿論」「上旨ヲ下徹」「下情ヲ上達」「官民協和」「人民一般公共ノ利益」の振興といった会議体の目標ともいうべきキー・ワードからも証明できよう。

民衆の世界に文明開化の輪をひろげ、民衆の生活水準をたかめ、民力を強めていくことができるかどうかは、県行政の立場からすれば、新しい秩序を形づくっていく展望がもてるかどうかの鍵となる。そこで、県は、財政力が弱いせいもあるが、「上下情意」の融通をはかる必要にかられ、大区の正副区長と小区の正副戸長は、県行政と地域のさまざまな人びととの利害を媒介し調整する役割を担い、代議人―区会の機能もますます重視されていった。その意味で、代表制は現実味をおびていたのであり、柏木は、「県治」の観点からであれ、「民産」「安寧」「民智」とともに「民権」を保全すること、「公同資益」を優先させ、一種の「分権」主義をとっていたのである。

諭吉と正兄の出会い

諭吉の地域への目配り

小田原藩の時代から足柄県にかけて、ここの指導者たちが試みてきた学校づくりに、福沢諭吉はふかい関心を寄せていた。諭吉が早くからこの地に目を配っていたのは、藩が前途有為の青年を前述したように彼の家塾に送りこんできた因縁もあったからである。

箱根をひいきにして

その諭吉が、明治になってから間もなく箱根の温泉の一つ塔之沢を訪れ、滞在している。「福沢諭吉年譜」(『福沢諭吉全集』第二十一巻)によると、最初は、一八七〇年(明治三)の九月の終りから一〇月のはじめにかけて、病後の湯治のようであった。この年の五月中旬、諭吉は、一時人事不省となり、危篤状態にまでおちいった発疹チフスにかかった。諭吉の病状は重く長期にわたり、国内外の数人の医師の診療を受け、氷の入手、牛乳の手配などで多くの人びとが八方手をつくした結果、快方にむかったのは秋口であったらしい。九死に一生をえた諭吉は、九月一四日東京を離れ、家族らとともに熱海温泉で病後の保養につとめた。

熱海に二週間ほど滞在した諭吉は、「年譜」によると、下駄ばきで三島から箱根越えで湯本までくだり、塔之沢などで湯治した。日数はあきらかでないが、数日滞在したらしい。こういう計算がたつのは、諭吉は、一〇月一〇日に帰京するが、その間、江の島、鎌倉をまわり金沢（現横浜市）に一泊し、横浜に三泊しているからである。

ついで、諭吉は、七三年三月から四月のはじめにかけて約二〇日間、さらに翌七四年、母をはじめ家族、そして「中上川、服部」らの家族三〇人ほどを引き連れて三月一八日から二九日まで塔之沢に逗留していた。

「年譜」にでてくる中上川、服部というのは、どうやら諭吉の実姉の中上川才蔵夫人婉、服部復城夫人鐘の一家らしい。この後も、諭吉は長年にわたり塔之沢、湯本あたりから小田原地方にしばしば足をのばしているが、ここでは七四年までの箱根行きにとどめておくことにする。当時、東京から湯本まで、東海道をたどって片道、急いでも二日余を費やす

図10　箱根七湯方角略図（上＝岩崎宗純氏蔵，下＝福住治彦氏蔵）

上は歌川広重筆，幕末の絵図で「福住」が見える．下の図は別絵．

のがふつうであった。というのは、東海道五十三次の時代から、一日一〇里（四〇㌔）の行程で、江戸を出発して保土ヶ谷、そして小田原泊りの順だったからである。まして、年寄、子ども連れであったり、天候に左右されたりすると、さらに時間を要し、四、五日をかけざるをえなかった。こうした事情から諭吉は、はじめのうちは、東京から乗り継ぎながら小田原、熱海まで海路をとっていた公算が大きい。そして、一八七二年（明治五）新橋―横浜間に鉄道が敷かれてからは、横浜まで陸路をとり、そしてここから、東京湾をくだり相模灘にでて国府津《こうづ》か小田原まで船を利用し、小田原宿から板橋を経て湯本の三枚橋へと箱根路をたどったとみてよい。この箱根路は、当時、車も通れない悪路で、難儀を覚悟しなければならなかった。

そのころ、三枚橋から湯本、塔之沢への温泉場には二つの道がつうじていた。一つは、早川にかかる三枚橋から東海道（旧道）を登り、小田原北条氏の菩提寺である早雲寺を右にみて、正眼寺の前あたりの中宿、湯本茶屋あたりから急坂をくだり、いまの滝通《たきどおり》にでて須雲川《すくもがわ》の仮橋を渡り、早川沿いの湯本温泉の福住（正兄）の所にでて、早川を渡るか、熊野権現の近くから急勾配の湯坂山を越えて塔之沢にでるコースである。この湯本にいたる道程は、逆に西の三島方面から芦の湖沿いの旧箱根関所より畑宿《はたじゅく》、須雲の二つの村を通過し東海道をくだってくるさいも同様である。もう一つは、三枚橋から現在の箱根登山鉄道、国道一号線あたりを通っていた山道をとり、福住の側から早川にかかっている仮橋のたもとにぶつかり、さらにすこし上手よりもう一度早川を越えて塔之沢にはいる道順がある。しかし、この道は、仮橋のため出水のたびに流され、しばらく放置されるので、あてにはならなかった。

このような道路事情に苦労しながらも、諭吉はもっぱら塔之沢の温泉宿に逗留するようになった。それは、一八一一年（文化八）の温泉絵巻『箱根七湯の枝折』（旧つたや蔵）にもあるように、足に便利な湯本の温泉は「冷湯にして気味なく」どちらかというとぬる湯であったので、諭吉は、これを敬遠し、熱湯の塔之沢を選んだからである。

正兄に着目した諭吉

諭吉の箱根温泉でのそのつどの滞在日数は、足跡が分かっているだけでも、わりあい長い。その傾向はあとあとまで続く。また、温泉保養の往復のさいにも、小田原やその周辺にも足をのばし、地元の主だった人たちとの交流を重ねていたらしい。諭吉は、塔之沢でののんびりした滞在の退屈まぎれか、ものを考える実業人が目についたためか、ことあるごとに、関係者と農作物の商品化や商業圏の拡大について議論をかわしながら助言をあたえたり、道路整備や新道建設についての提案をおこないはじめていた。諭吉のこの地域とのかかわりのふかさをじかに伝えるたしかな証拠はないが、いくつかの伝承めいた証言によると、諭吉は、この地域の発展の可能性を見通していたらしい。たとえば「立落花生《らっかせい》」の発見者であり、菜種などの絞り油、松脂製油を手がけた吾妻村（現二宮町）の二見庄兵衛も諭吉から教えを受けた篤農型の農民のひとりであった（『二宮町史 通史編』二宮町）。

この間、足柄県の成立にともない、かねてより親しい柏木忠俊が知事として小田原に着任したことも、諭吉がこの地域の社会改革の現実性を感じとった理由の一つとなっている。しかも、柏木のまわりには、地方改革の指導者が集まりはじめていた。福住正兄もその一人であり、すでに紹介したように正兄は、日新館・共同学校の学校維持資金を確保するうえで報徳仕法をもちいて協力していた。その正兄の名を知っていた諭吉は、塔之沢を訪れたさいには、じかに接して忘れがたき人物としてよい心証をいだいていたらしい。

ただ、二人がはじめて知り合ったのはどんな機会で、いつごろであったかということはあきらかでない。おそらく一つの有力なきっかけは一八七〇年（明治三）九月下旬、諭吉が塔之沢に滞在したときであろう。二人の出会いが、一八七〇年の時点での可能性が大きいとわたしが推理する証拠をあげておくことにしたい。

その一つは、諭吉が正兄を九蔵と呼び続けていたことである。実は、本書でもこれまで福住正兄と呼んできたが、彼が正兄を名乗るようになったのは一八七一年（明治四）、家督を長子の政吉（一一代九蔵）に譲ってからであり、それまでは九蔵の襲名をもちいていた。諭吉が正兄を九蔵というからには、とうぜん、改名以前に面識があったからであろう。また、明治維新前後、正兄の「平田国学」を内容とする「学徳」は遠近に鳴り響いていた。そのために「鉅公名卿《きょこう》」（高官名士）が福住にこぞって投宿したという。諭吉も、正兄の名声を耳にしないはずはない。

このころ、ようやく三〇代の後半にさしかかろうとする諭吉が、十二支でいうひとまわり年長の正兄に一目おいたのは、すでにのべたように、正兄が家運の傾いていた福住家を再興し、荒廃に瀕していた湯本村の復興に着手し活気をとりもどしたその実践力を評価してのことであろう。また、正兄は福住家に入った翌年の一八五一年（嘉永四）秋、湯本村の名主を命じられ、一八五六年（安政三）箱根一四ヵ村取締役の任につき、湯本村の大火や二度にわたる屋敷の類焼の災難を克服したり、幕末維新期、箱根戦争の動乱の渦中で正兄が討幕の「大義」を貫いてきたその精神の強靭さも、諭吉には魅力であったらしい。

諭吉は、塔之沢の福住楼や一の湯といった温泉宿に滞在を重ねるにつれ、湯坂山を越えてしばしば正兄を尋ねたり、逆に正兄が諭吉のもとを訪れたりしていたようである。正兄は、明治のはじめから「国体宣揚・皇学振興」の大義を自身の行動の座右の銘にしていたが（『福住正兄翁伝』）、諭吉の説く西欧をモデルとする文明論や地域に根ざした経済開発、教育振興に共感を寄せていった。

とにかく、積極的な報徳伝道者、実践家であり、国学、和歌に秀でていた正兄が、明治初年、福沢諭吉と交友をふかめ、畏敬の念を強めていった事実は重要である。「報徳・国学」と「西洋事情」の交流は、正兄の人格をつうじて「伝統」が「近代」を受容していった知の力にほかならない。

諭吉と正兄が明治のはじめに双方から接近していったのは、「地域」おこしをめぐってであり、日本の近代づくりについてである。しかも、諭吉は、正兄の見識と行動力に一目置いていたし、正兄の方は、諭吉の学問論、実学の考えかたからじかに強い影響を受け、二人は急速に意気投合していった。この証明は後ほどするが、考えかたや発想の出発点がまったく異なり、東京、箱根と守備範囲《ポジション》の違う二人の指導者が、「地域」おこしと「近代化」のゆくえを見すえ、意見を共有し共通認識の土俵をひろげていったのである。この現実が、明治維新を転換期とする日本の近代に投げかけた意味合いの彫りはふかい。地域に息づくこの思潮の流れは、これまで近代日本の形成を語るさい見逃してきた歴史事実ではないか。

若きリーダーの登場

福沢諭吉も、友人関係の名を書きとめていた。『明治十年以降の知友名簿』はその一つである（『福沢諭吉全集』第十九巻）。そのなかから、足柄県関係、とくに旧相模国関係分をひろいあげてみると、柏木忠俊の名前のほかに、吉野真興、山口佐《（左）》七郎、大久保清、中村舜二《（次）》郎、神藤利八、梅原周《（修）》平、中麿《（中丸稲八郎の）》の名前がみえる。

このうち、明治初年の足柄県庁所在地とそのまわりで「近代化」の推進リーダーとして大きな役割を果たしていたのが、吉野、梅原、中村、山口らであった。ただ残念なのは、八方手をつくしたが、吉野の消息についてはほとんど分からない。ただ、旧小田原藩の上級士族の流れを汲む人物で、後年、国会開設請願運動が盛りあがりをみせる一八八〇年（明治一三）のころ、「民権拡張」をとなえる自由民権家が往来するなかで、吉野は、その相談相手になり、仁恵社社長をつとめていた程度しかつかめない（『東京横浜毎日新聞』明治一三年三月一七日付）。

また、梅原修平は、大住郡南秦野村（現秦野市）で代々醸造業を営み、村名主をつとめてきた家の出である。若いころ漢学、国学を修め、詩歌をつくり、剣の道をきわめたという。『神奈川県史 別編1人物』によると、梅原は、自分の屋敷内に道場を開き、近隣の青少年たちに剣を教え、和漢の書の手ほどきをしたそうである。「文武」の道をつうじて村々の「知徳」の開発を推進したということになろう。底辺の土俗から一つの「近代化」をうながす型の代表である梅原は、南秦野村の名主の系譜に立つだけに、三八歳のときの一八七五年（明治八）、第二大区の副戸長に就任し、県政を地域から支えていたとみてよい。このころ、おそらく梅原は諭吉の存在を知り、「西洋文明」論から影響を受けはじめていたようである。

諭吉の名がこの地域の隅々に浸透していくのは、旧藩時代と諭吉の家塾・慶応義塾とのつながりのなかから養成されてきた小野太十郎のような人材が出てきていることや、藩校の流れを汲む学校でとりいれた洋学の新しい魅力が背景にあろう。そのなかで、なんといっても大きな力になっていたのは、柏木の存在と県の施策の推し進めかたであった。福沢のプラス・イメージは、柏木をつうじて地下水のように村々の若いリーダーに受けいれられていったのである。中村舜次郎と山口左七郎は、その典型的な人物であった。

中村は、一八四七年（弘化四）、足柄上郡松田惣領（現松田町）の豪農の家に生まれ、山口は、一八四九年（嘉永二）、同じ足柄上郡金子村（現大井町）の豪農で代々名主をつとめる間宮家に生まれた。仁三郎という名前であった。二人の出生地は、目と鼻の先ほどの近い距離にあり、年齢も一年八ヵ月の違いで、まさに同世代であった。この両人が親しくなったのは、幕末の青年時代で、環節堂の塾であった。環節堂は、儒学者林鶴梁の塾頭をつとめた人物で、漢籍や国学、和算、数理などを教えていたらしい（『足柄上郡誌』覆刻版）。そこに未来に夢をえがく青年たちが集まり寝食をともにしていたという。中村は、ここで間宮姓時代の左七郎と机をならべ、後あとまで親交を重ねることになる。

若き中村や山口が、このころからなにを考え、どういう行動をとっていたかを、たどりなおしてみる必要がある。彼らの青春の足跡と人間像をあきらかにできれば、そこに幕末、維新期の地域での「近代化」の条件と可能性をさぐりあてることにもなろう。要はその検証の素材があるかどうかにかかってくるが、その手がかりとして、ここに山口左七郎の『日記』がある（「そのひしらべ」「そのひぐさ」山口匡一家蔵）。

この『日記』は、左七郎が一八七一年（明治四）大住郡上粕屋村《かみかすや》（現伊勢原市）の山口家に養子にはいる以前の間宮時代の一八六八年（慶応四）からはじまり、八二年（明治一五年）まで残されている。『日記』は、全体としてかなりまとまっていて、間宮時代の

「そのひしらべ」は、六八年八月一日から六九年三月二四日、七〇年二月一日から一二月二九日の期間のものが保存されている。また、山口姓を名乗るようになってからの「そのひぐさ」は、一八七二年（明治五）の一～六月、七三、七七、七八、八一年と八二年の一部となっている。それぞれに欠落の月日があるとはいえ、かなりまとまったかたちで保管されてきた。

若き日の山口の「そのひしらべ」「そのひぐさ」を読んでいくと、この『日記』は、たとえば一八六九年の分に「(仁三郎署)（歌よみ日記）」と断っているように、「うた」（和歌）づくりについて、日に日に「うた」を何首つくったかどうかというように自身を練りあげる記述と、叙事的なその日のできごと、人の往来にかんする記録となっている。それだけに、『日記』のなかから、山口の人間形成の足どりと環節堂のもとでともに学んだ中村舜次郎らとの交友のふかさや、その友情をつうじて「知力」をたかめあっている雰囲気をとらえなおすことができる。

また、同時に注目しなければならないのは、山口、中村らが地域の変動を直視していることである。幕末、維新の経済混乱のなかで、苦境にあえいでいる地域の状態を打開しようとする彼らの静かな意気込みも、それとなく『日記』のなかににじみでている。

「西欧」観念と地域の活力

知をもとめる青年の生態

山口、中村らの動静について、山口の『日記』から類推していくと、彼らは、会話をかわし交流をふかめる機会をひんぱんにもっていた。たとえば、一八六八年（慶応四）八月一一日に山口は、「神山田中等尋ね候、夫《それ》より松田中村性(生)を訪ひ、同宅に一泊いたし候事」（「そのひしらべ」）としたためている。「松田中村性(生)」とは、松田村の中村舜次郎のことである。もう一例。翌六九年（明治二）一月一二、一三日の「そのひしらべ」の一節をみると、「環先生滞留にて読書いたすなり、柳川又造一日滞留の事なり」、「環先生とく読書いたし候事也、柳川又造帰る也」とある。「環先生」とは環節堂のことである。また、「柳川又造」は、山口の表記のくせからすると、西丹沢の山地、柳川村（現秦野市）の名主の息子熊沢又造のことで、ともに環節堂のもとで机を並べた仲であった。

いまのべてきたような情景は、かたちを変えながら、山口の『日記』のなかにひんぱんに登場してくる。とくに中村と熊沢との往来は、後あとまで続き、六九年の中村との交流をみると、山口はこの年の四月一三日、七月二九日に中村のもとを訪れ、八月一五日には中村が山口のところへ訪ねてきている。こういったさいには「うちかたらひ」という経済、世情にかんする情報交換やよもやま話とか「読書」、八月一五日付の『日記』にでてくる「行にものかくことなど、おしへられける也」（「そのひしらべ」）というような知的生産技術にかかわることが、その主な目的であったらしい。

このようなコミュニケーションを積み重ねていくことは、青年たちに自己啓発をうながす場となるとともに身のまわりの社会の動きに関心を強め、将来をみすえる眼を養っていく原体験になっていたといえよう。山口の場合、金子村の間宮姓時代の日常生活の営みは、自家の農作業の手伝い、公用の手助けと「うた」づくり、読書、出歩きであった。農作業は、農耕であれ、茶摘み、製茶であれ、農繁期に集中していたようで、山口自身の生活のなかに占める比重はそう大きくない。むしろ、代々この地の名主をつとめてきた間宮家は公人の出入りが繁く、左七郎はどうやらその接待をさせられているようであった。

この点について、一八六八年暮から六九年はじめの時点でみると、神奈川県からの官吏と巡邏（パトロール役）が師走も押し迫ったころ間宮家を利用しているし、年が明けた一月の下旬には神奈川県庁定廻の官吏が滞在し、小田原藩の役人が姿をあらわしていた。左七郎は、一八六九年（明治二）二月一一日に「いろいろの人来、いそがわしき事也、神奈川県巡羅（邏）云役人くれば、わきていとまなき也」（「そのひしらべ」）としたためていた。珍らしく感情をこめてこう書くほど、左七郎は、間宮家の接待役としてたえず多忙をきわめていたようである。

こうしたなかで左七郎は、正兄も師事した小田原の吉岡信之を師として「うた」づくりに精をだしていた。吉岡は「皇学」を究め、藩校集成館の幹部を経て、その後、一八六九年から七二年まで文武館の「皇学一等教師」をつとめ、その間、「准少参事兼宣教掛」となり、その後「教導職十一級試補」として勤務し、一八七三年五月、すでにふれたように家塾水善舎《すいぜんしゃ》を開いていった。左七郎は、友人と語らって吉岡の門をたたき、『日記』をみても頻繁に吉岡家に出入りしていた。吉岡も、六九年一一月一八日から二一日まで間宮家に滞在するほど懇意であった。

左七郎は「うた」づくりにその才能をどれほど発揮しえたかどうかは別として、「うたは一首も不成」「うたは甚だ怠る也」と書きとめていたかと思えば、「夜うたは四首よみ」といった日もあったようである。その左七郎が吉岡家に足繁く通うことができたのは、どうやら乗馬の術を身につけていたからである。『日記』にもその一端はみえる。

馬を乗りこなせる左七郎は、さらに、環節堂に学んだ時代の旧友との親交にとどまらないで行動半径をひろくとり、多くの交際をもつようになる。そして、交際範囲がひろがれば、それだけ、世の中をみとおす眼も養われていく。

社会的公正を目標に

山口左七郎は、激動する幕末、維新期の世の移り変わりいくさまを直視し、社会の動きに多大な関心を寄せていた。その心理は、『日記』のなかからなんとなく読みとることができる。たとえば、一八六九年（明治二）七月一一日の『日記』の欄外に太政官の金札発行で「下民正ニ困窮極《きわむ》矣」とか、同年八月一五日のやはり欄外に、米価が高騰し、一円で二俵半に上昇し、精米はなお高値であると書きとめていた。前にとりあげた『明治小田原町誌』の記録とまさしく一致する。ここには、村々に根ざし、下層の民衆の生活に思いをはせ、社会的公正を実現しようとする左七郎のやさしい心根の一端がにじみでている。

このように、地域とそこに住む人びとの利福を願う立場にたって、考え行動しようとしている点は、中村舜次郎にも共通していた。舜次郎は、すでに文久年間の一八六二年（文久二）、松田と神山《こうやま》両村の間での青山街道の境界をめぐる争いの結末に義憤を覚え、敗北した松田の民衆、なかでも、直訴《じきそ》におよび逮捕され、幽閉された農民、弾圧を恐れ逃散《ちょうさん》した農民にかぎりなき同情の念をもち、権力への批判を強めていた（『足柄上郡誌』）。

当時、一六歳の舜次郎は、すでに漢学を学んでいたからか、小田原藩の裁定にたいする不満を江戸表に直訴するという動きのリーダーに推されていた。この計画は、舜次郎の父滝右衛門の厳しい説得で脱落者があらわれ、舜次郎もこれに従わざるをえなかったらしいが、彼の義憤は消えることがなかったようである。

村々の落ち込みや荒廃状態を立て直し、下層の人びとの生活の向上をはかろうとする左七郎や舜次郎、彼らにつらなる青年群像たちの社会的正義への発想は、彼らの意見交換や論議のなかで話題になってきた考えが一つのバネになっていた。その有力な議論の一つに報徳思想が浮びあがってくる。というのは、左七郎や舜次郎の父は、郷土が生んだ二宮尊徳に私淑し、報徳の教えを実践していた。その点でひろく村民から畏敬され、左七郎、舜次郎も「二宮イズム」、すなわち、報徳思想の影響を受けていた。そこで、左七郎の『日記』に、報徳思想の動きがあらわれているかどうかを検討してみると、福住正兄の名前が浮かびあがってきた。

福住正兄の幕末、維新期における種々の社会活動と、「均等」を家法とする福住の経営哲学、その学徳は遠近に鳴り響いていた（『福住正兄翁伝』）。随所でふれたとおりである。その正兄に左七郎は、いつ、どのような縁で接することになったのか、吉岡信之のところあたりか、それとも農村、農業の復興をめざす会合の席上で知りあったのか、いずれかであるが、はっきりしない。とにかく、左七郎が正兄と会見した記録は、幕末、維新期の『日記』には二回でてくる。

その一回目は、一八六八年（慶応四）九月一一日である。この日、左七郎は、快晴で耕作にでたこと、「うた」は一首もできなかったが、夜すこし読書しただけで別に記すことはないと書きながら、「尤《もっとも》湯本正兄が来りて、四十八瀬を越えむとて、四十あまり八瀬の河原の川原かぜ、ひえたのもりに吹すさむかな、と談りともに別れぬ」としるしている（「そのひしらべ」）。『日記』にあきらかなように、正兄が間宮家を訪れたときの話であるが、正兄が人生の厳しさを「うた」に託しながら議論しているとなると、すでに二人はそうとうの昵懇《じっこん》の間柄であったといえよう。

もう一つの二人の出会いの記録は、一八七〇年（明治三）九月二九日のことで、正兄はこう書いていた。「けふ天気よし。宿を出て、湯本なる正兄がりに行。其実しるしかたし」（「そのひしらべ」）。左七郎は家から湯本の福住に直行したが、なにか重要な用件をもってのことであろうが「其実しるしかたし」と実に意味深長な表現をとって、明言を避けている。

左七郎は、親子に近いほどの年齢差のある正兄に私淑している印象を強く受ける。おそらく、左七郎は機会をみつけては報徳仕法と思想の実践を問いただしていたに違いない。その論点は、正兄の説く経済の「実利実行」であり、「順逆の理」をふかくわきまえた正兄流の社会行動や、正兄の秀いでた国学、和歌の知識についてであったろう。また正兄の「家」おこしと、荒廃した湯本村の活性化の実績も、左七郎には関心事であったに違いない。「己を恭《うやうや》しくする」精神、「公」を優先させる正兄のその実行力に、左七郎が鋭い眼差しを向けていたとすれば、舜次郎をふくむ青年たちにとって、報徳思想は、社会的公正を実現し地域の「近代化」をはかる思想のバネになっていたといえよう。

進取の気性に富む青年たちは、村々の地域経済事情を改革し、生活にあえぐ農民たちの暮し向きや世の処しかたの慣行を改善しようと模索していた。その青年たちが、近くの足柄上郡栢山《かやま》村（現小田原市）生まれの二宮尊徳の土着性をおびた報徳思想に目を向けるのは、とうぜんのなりゆきであった。

地域でたかまる諭吉株

とりわけ、尊徳のとなえる「分度」「推譲」は、貧困からの解放をめざす具体的なプランであり、正兄がその実践と論法を伝えることにより、その考えかたに共鳴する人たちが増えていったらしい。というのは貧賤（損失）と富貴（利益）との判断を導きだす論理を展開する「分度」は、個々の生活の徹底的な合理化と厳しい倹約を長期計画のもとに実現し、社会に富を還元する社会的原資として醸出《きよしゆつ》する「推譲」は、確実に農業の拡大再生産をうながす組み立ての論理になっていたからである。

村々に生きる青年たちにとって、「分度」「推譲」の報徳仕法は、農村の指導者としての資質を磨きあげていくうえでの土俗的、伝統的な教育の素材であった。この実用の学を重視しながら、青年たちのなかには、新しい知識をもとめ、燃え続ける者がいた。左七郎もその一人であった。彼の読書傾向は、『日記』のなかに読みとることができる。

左七郎が一八六八年（明治元）から六九年にかけて手にした書物は、『日本外史』『史略』『万葉考』『唐史』『養生法』『天満宮故実』『孫子』『枕草子』『北条分限録』『国史略』『土佐日記』『古事記』などの和漢書が多い。これらの書を、左七郎は、読むだけでなくときには筆写したりしていたのである。

ところで左七郎が目をとおしていたのは和漢書だけではなかった。彼は一八六八年一一月一五日の『日記』の一節に「夜うたは四首よみ、後に語学などしたゝめて眠る也」（「そのひしらべ」）と書きとめているように、すでに外国語を学びはじめていたのである。その外国語は、英語であった。一八七二年（明治五）一月二六日の『日記』の欄外に彼は「今日セルフヘルプ——書見はじむ、訳名西国立志編」と記録していた（「そのひしらべ」）。

左七郎が語学の学習を試みたのは、洋学への関心が一般にたかまる風潮のなかで、誰かからの示唆によるものであろう。その空気のなかで、彼は一八七〇年（明治三）四月一日と二日の『日記』で、「西洋事情などよみつゝ過るなり」「西洋事情などみつ」としたためていた。福沢諭吉と書物をつうじてのはじめての出会いである。

周知のように、『西洋事情』は『初編』（一八六六年）、『外編』（一八六八年）、『二編』（一八七〇年）から成りたっている。左七郎がこの書物に目をとおすころには完結しているので、おそらく左七郎はこの三巻一〇冊のすべてを手にしたであろう。

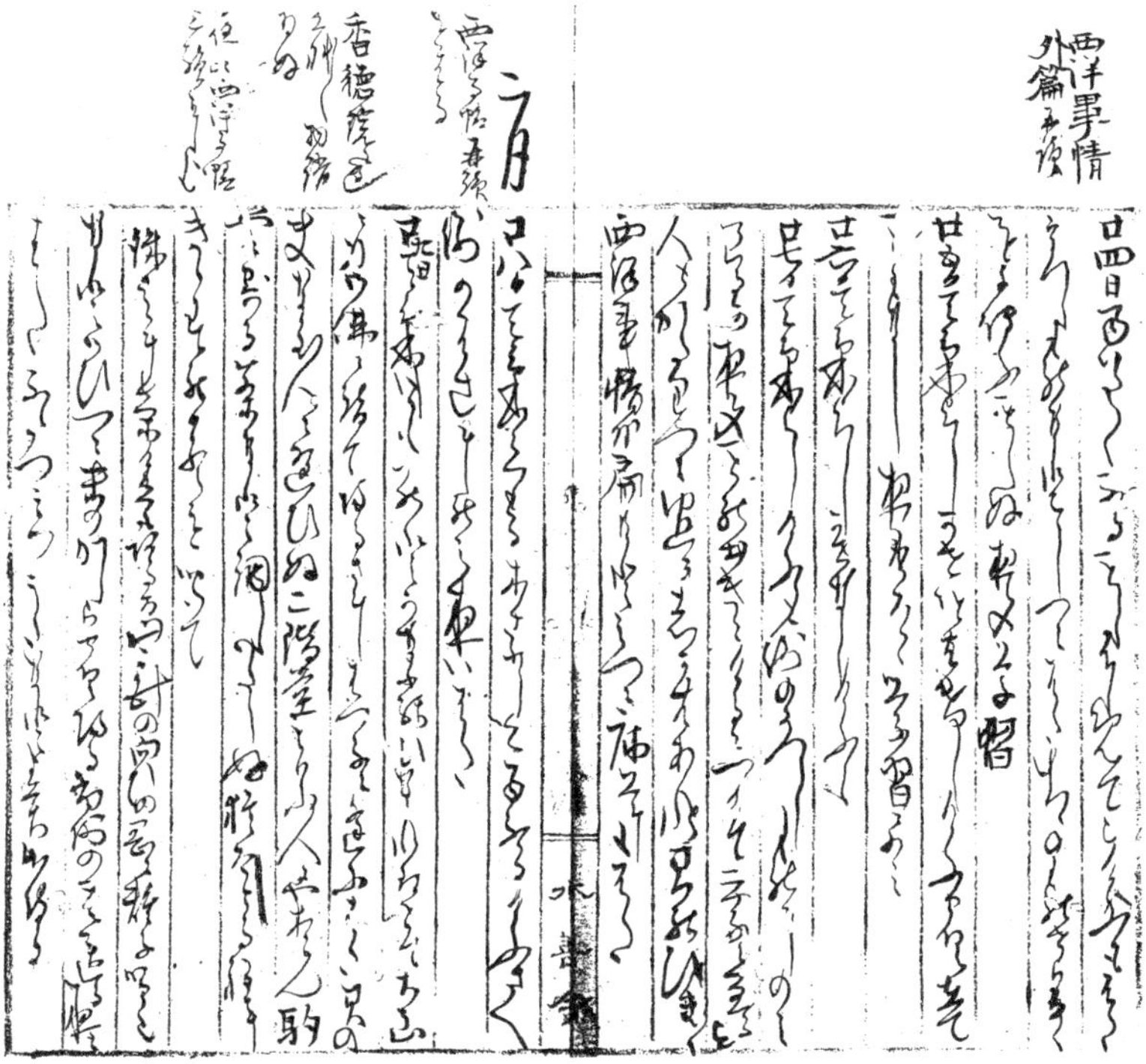

図11　山口左七郎の日記「そのひぐさ」(山口匡一氏蔵，神奈川県立公文書館協力)

しかも、左七郎は、この『西洋事情』をきっかけに福沢諭吉に傾倒し、畏敬の念をいだくようになっていく。なかでも、イギリスの経済思想や資本主義、自由主義、民主主義、立憲主義に言及している『西洋事情外編』に左七郎はふかい関心を寄せていたらしい。その証拠に、彼は、一八七二年二月二四日の『日記』の欄外に「西洋事情外編再読」と書きとめ、四日後の二八日の欄外に「西洋事情再読をはる」と記録している。そればかりかさらに、翌二九日の欄外に「夜に入西洋事情三読はじむ」としたため、三月五日に「今宵西洋事情外編終る」と記していた（「そのひぐさ」）。

この間、左七郎は、S・スマイルズの『セルフ・ヘルプ』の翻訳『西国立志編』や『西洋道中膝栗毛』『世界国尽』などに目をとおしていた。こうして、彼が「西欧」世界に目を向け、諭吉の著作に親しみをもつなかで、外国語への関心もたかめていった。その外国語も、七二年五月一日の『日記』であきらかなように、英語にとどまらず彼はドイツ語にも手を染めようとしていたのである。

左七郎が諭吉の著作を熟読するということは、彼の生活の場である地域に「西欧」世界のレンズを重ねていくこれまでにない試みである。そのことは、「西洋文明」をモデルとして地域社会をとらえなおそうとする諭吉の眼との具体的な出会いでもあった。

実際、一八七〇、七一年ごろから諭吉は、左七郎や舜次郎らの若きリーダーたちの間でも時の人物として話題になりはじめていた。なかでも左七郎の諭吉への傾倒ぶりはなみなみならぬものがあり、後年一八七八年（明治一一）三月二五日、三田演説会に出向いた左七郎は、そこではじめて諭吉と感激の対面をしたのである（「そのひぐさ」）。しかも、この二年後の一八八〇年（明治一三）、福沢諭吉が交詢《こうじゅん》社を組織すると、山口左七郎はそくざに入会していく。そして盟友中村舜次郎も、「知識を交換し世務を諮詢《しじゅん》」するというその社則の精神をもとめるかのごとく、会員となっていった。

諭吉の指南と実践者正兄

「民情暢達」を推進して

柏木忠俊が、足柄県知事として「上下協和民情暢達《ちょうたつ》」を政治哲学の柱にすえ、新しい行政のスタートを切ろうとしたとき、すでに福沢諭吉は、小田原、箱根の地に足を踏みいれていた。そのいきさつは、すでにのべたとおりで、諭吉もこの地に「ゆかり」をもとうとしていたのである。

この福沢の発想や思想を知事としての職務に生かそうとする柏木は、官民一体の力でさまざまな社会階層をあげての秩序づくりを強調し、民衆の生活の向上をめざし、民力の発展をはかる実践を試みようとしていた。

地域から民力をたかめ、教育を振興し、文明開化をはかっていこうとすれば、県から村々にいたる行政体系を支える地域のリーダーたちが、「庶民」の生活事情を県政に反映させるという「下情上達」のベクトル（速度、力）を明確にしていくことであろう。この政治上の方向づけと力量が決定的になれば、そこに諭吉がイギリスの議会制民主主義を素材として説く代表制を実現するもっとも手近な実験ということになる。この、いわば下からの「近代化」を推進する地域リーダーの一人に中村舜次郎の顔がみえる。中村は、一八七二年（明治五）、二五歳のときに第一大区一二小区松田惣領戸長に任命された。

地域の行政リーダーとして中村がもっとも重視したのは、村びとのまっとうな個々の意見や公論に耳を傾け、民意を県政の場に反映させるようつとめたことである。また、中村は、村びとの識見をたかめ、村々の隅々に正しい情報にもとづき文明開化の流れをつくりだそうとしていた。中村は「上意下達、下情上達」の政治、行政チャンネルを活性化するために、新聞の発行を思いあたったのである。その新聞とは、すでに紹介したように県庁も積極的にこれを活用している『足柄新聞』のことであった。

『足柄新聞』は、その第一号の刊行趣旨をのべた一節に「官ニ請ヒ之ヲ編纂スルニ至ル」とあるように、おそらく、県の承認をえて、その援助と協力のもとで、新聞は日の目をみたらしい。この『足柄新聞』は、一八七八年（明治一一）、地方三新法のうちの郡区町村編成法により中村が初代の足柄上郡郡長に就任するまで、九号が刊行された。たったの九号という見方もできるかもしれないが発行の間隔が間のびしているにもかかわらず、同紙が果たした役割は、実に大きい。というのは、同紙は、あらためて指摘しなおせば、政府の布告や県の達を伝えたり、開化を目ざして格差のある地域間のコミュニケーションを強め、人びとの声を紙面に反映させていたからである。と同時に、『足柄新聞』は、編集者が第一号でのべているように、当時、国の内外や地域の遠近を問わず、「奇事異聞」すなわち、普通には信じられないできごとや、事件の話がまことしやかに流されているその悪しき風潮を是正できること、一定の根拠をもった事実を記事として収録し、伝達しえたことであろう。

ところで、中村が足柄上郡郡長に任命されたのと同じ時に大住《おおすみ》・淘綾《ゆるぎ》両郡の初代郡長に就任したのが山口左七郎であった。すでに福沢諭吉を畏敬し、洋学に多大な関心を寄せ、西洋の文物に親しんできた山口は、一八七三年（明治六）、二四歳のとき村の組頭となり、村行政に足を踏みいれることになった。ちなみに、山口は、七五年に里長（村長）、その翌年に地租改正総代をつとめている。そして、山口は中村とともに民権派に組みしていくのであった（大畑哲『よみがえる群像　神奈川の民権家列伝』かなしんブックス）。

山口が組頭についた七三年は、政府が土地制度と税制上の一大改革である地租改正に踏みきった年である。いま、山口の『日記』をみていくと、足柄県庁からの「御さたがき」を村々へ配布したり、県からの書状に目をとおしたりというような公務のかたわら、地租改正の基礎作業にたずさわっていることが分かる。その期間は二月のはじめから六月の下旬にかけてであった。山口は、二月二日に「田地証文下案などして眠る」と書きとどめ、好天の二月一九日、「けふわがむらの地券しらべ手伝ひて。夜に入わが家田畑などしらべて、史《ふみ》も得よまず過る」としたためている（「そのひぐさ」）。この日から六月二三日まで、わたしの概算によると、山口は、延九七日間、地券調べなどに忙殺されていく。

村におけるこの山口の地租改正事業の作業ぶりに焦点を合せていくと、村々の経済生活の面から「民情暢達」の進め方について、その実情の一端をイメージにえがくことができるような気がする。

「地元」主義に立つ県政を

山口は、福沢諭吉の著作をのめりこむように熟読し、その識見に傾倒していただけに、新しい近代の国づくりとのかかわりで、地域の諸問題にたえず鋭い目を配っていたようである。山口は、自らの「学び」の経験とつねに新しい知識欲に燃えていることにもよるが、ことのほか「学事ノ進歩」に関心をいだいていた。『日記』からも、その雰囲気は伝わってくる。たとえば、六月二七日、昼すぎに畠を見廻りにでたついでに、山口は石倉の小学校に立ち寄って子どもの学習風景を参観し、その学び方に興味をいだき、「いとおもしろかりし」とつづっていた（「そのひぐさ」）。子どもの「まなびしけるさま」をめぐって山口のこの一文にこめる感慨は、測り知れないほど重い。

教育文化の向上に未来を託す山口は、学校現場を観察し、手ごたえを感じ、イメージをかきたてていたであろう。しかし一方で、山口は、「農事ノ改良」をはかり殖産の道をこうじる必要性を人一倍強く受けとめていたが、村々の経済事情にそくしてみるとき、山口自身も展望をもつことは容易ではなかったらしい。地租改正は、その意味でも、村々の活況をうながしていく転機のきっかけになるかもしれないという期待はあった。

山口が、地券調べにはいった上粕屋村はどちらかというと畑作地帯である。この地を中心に、山口が、『日記』のなかに登場してくる「かた山」「にみや」「庄兵衛」「伝吉」「九兵衛」「善兵衛」らとともに、地券調べに精をだしているさまは手にとるように分かる。根気がいり困難をきわめるこの作業について、山口はたんたんと記しているにすぎない。が、それでも、「けふもかの地券のことにのみ」「けふ例のことにのみ過る」「けふもはた《また》、夜に入ってもはた」「かれこれのこと」というような表現に目をとめ、総合してみると、地租改正の基礎作業にたずさわざるをえない山口の心理の底を走るいまいましさ、にがにがしさを読みとることができる。

山口の根をつめた仕事ぶりと、「むらの役人ら」との地券調べの打ち合せ、作業過程での足柄県庁の役人とのせわしい会談などから想像すると、県をつうじての政府の事業であるとはいえ、彼は村々の利害関係や意向を基本にすえていたようである。だからこそ、山口は『日記』のところどころで「夜に入ってもむなし」と書きとめていた。この「むなしさ」がどういう彼の心境を語っているのか、興味がある。

このころ、山口は、昼の過酷な地券調べにもかかわらず、夜にはできるだけ時間をさき、開きなおるかのようにドイツ語、ドイツ文の文章を読んだり、洋算や筆算、算盤《そろばん》、数学などの学習に熱をいれたりしていた。「むなしさ」の一端は、思うように勉学に時間がとれない山口自身のあせりにあるかもしれないが、どうもそれだけではなさそうである。『日記』からは読みかねるが、どうやら地租改正の作業にたずさわり仕事を進めていくうちに山口は、地積の広狭、地価の算定など、いずれ政府が決定するさいに村々の多くの土地所有者に不利益となる数々の火種をつかんでいたからであろう。

ここの地租改正の基礎作業も一筋縄でいかなかった事情に思いあたる事例が、山口の『日記』のなかにみえる。それは、七月二一日のことである。この日に県庁の大越直温少属が「山畑下山畑の荒し」を視察にきたが、山口は、この来訪の報に接し、「いとくさぐさのことも多かりぬ」と書き、当日は「いとせわしくのみ過る」と記していた（「そのひぐさ」）。そこには、面倒なことが多く、迷惑であるといわんばかりの姿勢がそれとなくあらわれているように思える。

上粕屋村の地券の証書が県庁から村に手渡されたのは一〇月にはいってからで、この月の八日に、山口は県庁で「地券の証下るというかきつけ」を渡され、一一日には養父左助が村役人を連れて証書を受けとりにいった（「そのひぐさ」）。この間、村々と県庁との間で地租改正事業をめぐって対立や悶着がひきおこされていた。これらの問題がどのように尾を引いていたか真相ははっきりしない。

こうしたなかで、山口が恐れていたのは、民衆の負担する地方税にあたる民費が過重であるところへもってきて、土地所有者の肩に地租、すなわち国税が重くくいこんでくることであった。そうなれば、農事の改良をはかり、生産力をあげ資本を蓄積していく展望がもてない。そこで経済の「近代化」を下から推し進めていくには、どうしても、村々の利福をつねに優先させていかなければならない。

地域「近代化」の青写真

福沢諭吉が、小田原、箱根を訪れるたびにことのほか関心を寄せていたのが、この地域の経済の「近代化」であった。諭吉は、小田原周辺の豪農に菜種油の生産を奨励したり、横浜の肉屋に小田原で商いをする助言をあたえたという話をわたし自身が耳にしたことがある。慶応義塾で塾生に洋学を説き、著作や翻訳によって啓蒙の活動を進めている諭吉のもう一つの顔といってもよい。彼は、地域で、ざっくばらんに農作物の商品化と商業圏の拡大をはかる経済指南の役をかってでていたのである。

また、諭吉の説く代表制の理念も、足柄県管内の底辺で、年を経るごとに実を結びつつあった。それというのも、前述したように諭吉の説に共鳴する県知事柏木忠俊が下からの「近代化」を推進する制度をつくりだし、運用してきたからである。と同時に、この県の方針を受けとめ、地元から民力をたかめていこうとする村々の指導者が、新しい知識欲に燃え、自発的に努力を積み重ねてきた関係を見逃すことはできない。

地域から民力をたかめ、経済の「近代化」を推し進めようとするその動きを県がさらに助長しようとした一つのケースをとりあげてみる。それは、一八七四年（明治七）九月一

○日の地方長官会議への出席にあたり、柏木が権参事の城多《きた》董《ただす》と連名でだした諭告、すなわち「地方長官会議に臨む足柄県権令柏木忠俊等の諭告」である（『神奈川県史　資料編11　近代・現代1』政治・行政1）。この諭告の趣旨は、聖意により、人民の代議人として府県の長官を召集して「協同公議」するから出席するよう命を受けたが、柏木らはその代表を十分に果たすことができるかどうかおぼつかないので、「管下人民ヨリ両三名随行」を要請するかもしれないというふれであった。

柏木らはその理由として、足柄県は小県であるけれども、「相豆二州に跨リ山ヲ負ヒ海ニ瀕シ綿亘《めんこう》数十里ニ下ラス各地ノ景状人情ノ厚薄ニ因リ実際ノ施設ニ於テ便不便利病得失ノ差違ナキコトヲ保ツ能ハス」という事情をあげていた。そのうえで、「此ノ情実ヲ熟得明弁スルニ非サレハ何ヲ以テ一般人民ノ代議」をつとめることができようかと問題を投げかけ、人民の代表の随行をうながしたのである。県知事が「人民ノ代議」となる他府県とは異なり、足柄県は、まさに「下情ヲ暢達」し、代表制を国政の場につらぬいていく意味でまさに正論であった。

柏木忠俊ら足柄県の政治指導者のこの発想は、すでにのべたように大区・小区会議を活用し、正副区戸長が「各区村駅ノ代議人タル責」を果たしていく役割とふかいかかわりをおびている。しかも、柏木知事らのこの諭告の基調をなしているのは、「人民ノ代議人ヲ召集シ公議輿論ヲ采《とる》」という国政レベルでの議会制の導入を目論む構想であった。この「民会」方式で重要なことは、代議人＝議員は、あくまでも「公同資益」、いいかえれば、公共の福祉を増進する観点から地域の利害得失を考慮し、問題を解決するよう強調していたことである。一八七五年（明治八）五月九日の知事代理としての権参事城多董名の「足柄県の大小区会議心得」は、この事情を明記し、代議制を一歩進めていた（『神奈川県史資料編11近代・現代1』政治・行政1）。

捴《すべ》テ議員ノ任タルヤ一己ノ私見ヲ主張スルヲ聴サス公同資益ニ注意シ其ノ施設方法ノ利害得失ヲ論定ス可シ譬《たと》エハ道路ヲ修繕スルニ方《あた》リ其《そ》ノ道幅ヲ画定シ其ノ工役ヲ賦課スル法ヲ立ル如キニシテ此一例ヲ推シテ其他ヲ知ル可シ然レトモ之レヲ実際ニ挙行スルハ正副区戸長及里長の権内ニ有リ必ス此権限ニ於テ毫《ごう》モ乱ル可カラス

ここには、道路修繕の事例をあげ、公共性にのっとって地域における政治、行政の権限と責任をあきらかにしている。県の行財政の負担の軽量化をはかるという捉えかたもできるが、底辺からの政治の積み重ねを重視する一種の分権制の考えとみたほうがよい。

このように、村々からの公論と代表制を結び目に行政を推し進めようとする柏木県政のネットワークは、年を経るごとにその効果をあげていった。そのなかで、柏木は、知事就任以来、ことあるごとに難題中の難題と語ってきた相模国と伊豆国を密接に結びつけるために箱根道の車道の開削《かいさく》を急務と考え、福住正兄にその具体案の作成を依頼していた。正兄も道路建設には気をくばり計画を練りはじめた。そして、知事も正兄も、後ほどのべる福沢諭吉の新道建設の助言を耳にし、しかとそれを受けとめていたのである。

正兄は計画をたてた。その設計は、板橋村（現小田原市）から三島宿にいたる東海道の拡幅についてであり、まず板橋から箱根山中の畑宿村までの費用は、相模国の月給七円以上の高額所得者の負担とし、不足分は豪商農に寄付をあおぐ算段で、山中（現三島市）から三島宿までは同じ方式で伊豆国でまかない、畑宿—山中間は、国庫補助という青写真をえがいた（『福住正兄翁伝』）。いかにも実践家正兄らしい案であった。

この道路案が実現すれば、いわばこの経済動脈を媒介にして、二つの国の経済の「近代化」の条件は整っていく。その可能性は十分にあった。

地域開発と「実学」思想

諭吉の「箱根道普請」案への気合い

地方経済への指針

一八七三年（明治六）三月一六日、諭吉は、塔之沢の福住で「箱根道普請の相談」を執筆し、さらに翌一七日に「塔の沢湯屋仲間中」という文章も書いている。諭吉のこの一文が『足柄新聞』（第六号、一八七三年）に載ったことに注目しなければならない。『足柄新聞』は、すでに紹介したようになかば足柄県の広報的性格をもち、県民のなかの有力者層にあたえる影響力は大きかった。当時、県は、県民に新聞を読むことを奨励し、所によっては重要な記事は回状でまわしたり、高札場に掲示したりしていた。諭吉の提言は、いやがおうでも、地元の人たちの眼にふれることになる。いま、諭吉の文章を読み返して気がついたのは、諭吉が文中で湯屋の主《あるじ》たちに湯本から塔之沢への新道建設を提案するその説法が、要望ではなく強要めいていたということである。まず、「箱根普請の相談」のはじめの部分をかかげておく。

人間渡世の道ハ眼前の欲を離れて後の日の利益を計ること最も大切なり、箱根の湯本より塔の沢まで東南の山の麓を廻りて新道を造らハ、往来を便利にして、自然ニ土地の繁昌を致し、塔ノ沢も湯本も七湯一様ニ其幸を受くへき事なるに、湯場の人々無学のくせに眼前の欲ハ深く、下道の仮橋も去年の出水ニ流れしまゝに捨置き、わざわざ山路の坂を通行して、旅人の難渋ハ勿論、つまる処ハ湯場一様の損亡ならずや、新道を作るに其入用何程なるやと尋るに、百両に過ずと云り、下道のかりばしハ毎年二度も三度もかけて一度の入用拾両よりも多きよし、拾両ツヽ三度ハ三拾両なり、毎年三拾両の金ハしぶ〳〵出して一度に百両出すことを知らず、ばかともたはけとも云はんかたなし

この論吉の罵詈雑言《ばりぞうごん》まがいの言種《いいぐさ》のなかには、湯場の人間にたいする限りなき諭吉の愛情と経済を見直すべきであるという開化への啓蒙精神が滲みでている。ちなみに、文中にでてくる「七湯」というのは、近世に開花する箱根七湯の湯治場を指している。すなわち、湯本、塔之沢、宮ノ下、底倉《そこくら》、芦之湯、堂ヶ嶋、木賀《きが》である。ここで参考までに明治に入

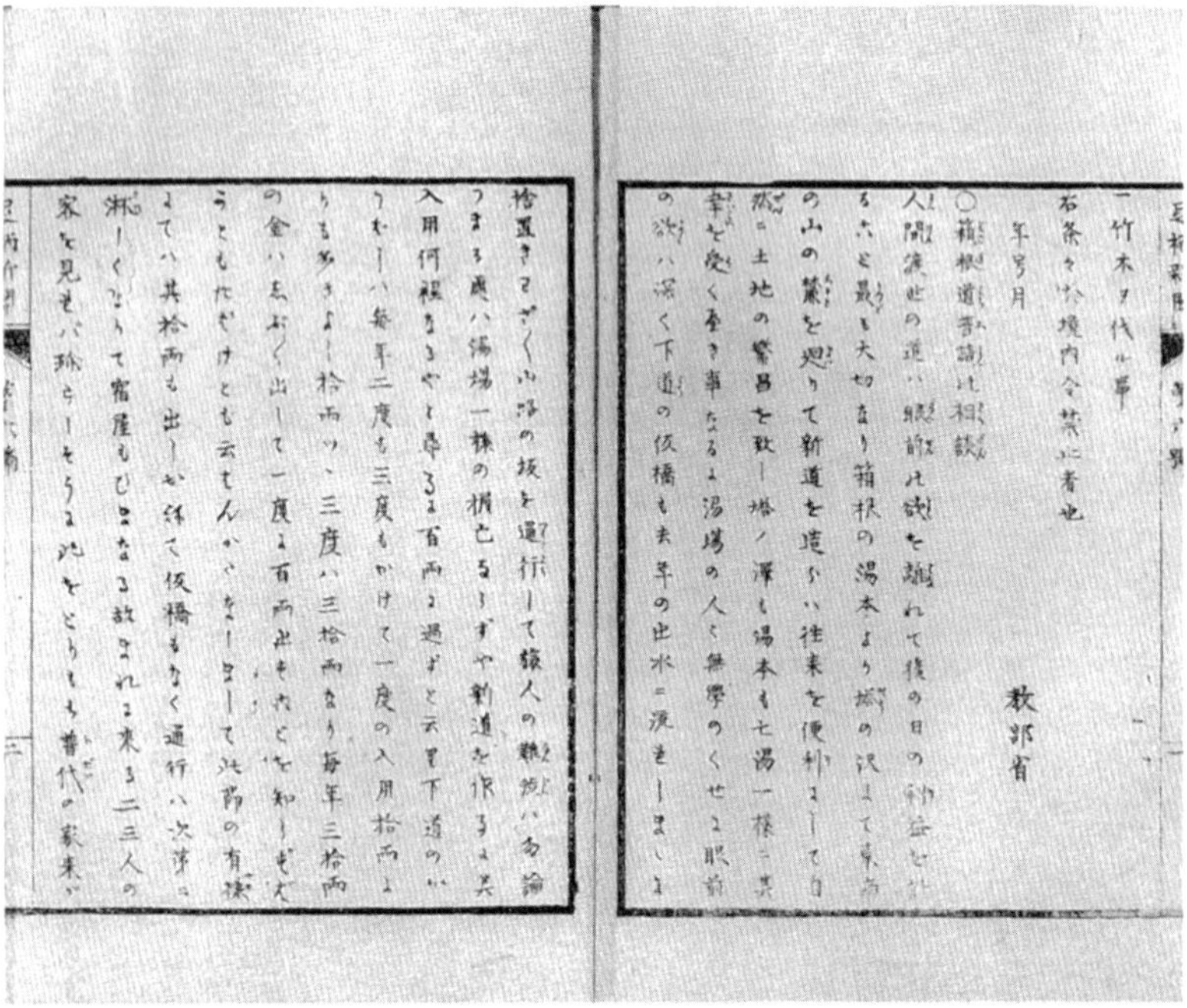

一竹木ヲ伐ル事
右条々於境内令禁止者也
年号月
教部省
○箱根道普請之相談
人間渡世の道ハ眼前の欲を離れて後の日の利益を計
ること最も大切なり箱根の湯本より塔の沢まで東西
の山の麓を廻りて新道を造らハ往来を便利にして自
然に土地の繁昌を致し塔ノ沢も湯本も七湯一様に其
幸を受く可き事なるに湯場の人々無学のくせに眼前
の欲ハ深く下道の仮橋も去年の出水に流されしまゝに
捨置きてせまく小路の坂を通行して旅人の難渋ハ勿論
つまる處ハ湯場一様の損亡なるにあらずや新道を作るに其
入用何程なるやと尋るに百両に過ずと云ふ下道の仮
りなりしハ毎年二度も三度もかけて一度の入用拾両よ
りも多きよし拾両ツゝ三度ハ三拾両なり毎年三拾両
の金ハおしくも出して一度に百両出すことを知らず大
うともたわけとも云ふべきかなし然して此節の有様
よつてハ其拾両も出しかねて仮橋もなく通行ハ次第に
淋しくなりて宿屋もひまになる故にまれに来る二三人の
家を見れハ孫子しそうに此をとりても普代の家来が

図12　福沢諭吉の箱根道普請の提言（『足柄新聞』第6号，小田原市立図書館蔵）

ってからは、強羅《ごうら》、小涌谷《こわきだに》、大涌谷《おおわくだに》、大平台、姥子《うばこ》とその数を増し、現在は「箱根十八湯」といわれている（岩崎宗純『箱根七湯―歴史とその文化―』有隣新書）。諭吉は、箱根山中にひろがる湯治場を景気づける手だてをこうじるよう、塔之沢、湯本の湯屋の主に目を大きく見開くようそれとなく助言をあたえていたのである。

ところで、諭吉は、この年の塔之沢温泉入りにあたり、早川の仮橋を渡れないので、湯本の福住の脇から険しい湯坂山の道を上り下りしたということになるらしい。といって、諭吉は、湯本から塔之沢への道程の困難さをかこって新道を提案しているのではなく、箱根の地域経済の活性化をはかるための具体的施策の一つとして打ち出していたのである。だからこそ、流された仮橋を放置し、温泉宿場に閑古鳥が鳴くような衰退をそのままに手をこまねいている宿主たちにたいし、諭吉は、業を煮やしたかのように、さきの引用文に続けて皮肉をこめながら、こう提案していた。

まして此節の有様にてハ其拾両も出しかねて、仮橋もなく通行ハ次第ニ淋しくなりて、宿屋もひまなる故、まれに来る二三人の客を見れバ珍らしそうに此をとりもち、普代の家来が主人ニ目見せし如く首ばかりさげて、僅《わずか》ニ壱分か弐分の金をもふけ、家業繁昌ありがたしと悦《よろこ》ひをるもあまり智恵なきはなしならずや、此度福沢諭吉が塔の沢

逗留中、二十日はかりの間に麓の新道を造らバ金拾両を寄付すへきなり、湯屋仲間の見込如何

明治六年三月十六日　塔の沢福住にて福沢諭吉記ス

諭吉は、自身が塔之沢に滞在中に新道建設に着手すれば一〇両寄付するがどうかと提案している。なんともユーモラスで、なかなかの役者ぶりであった。新道は諭吉にとってみれば箱根山中のすべての湯治場に利福をもたらす経済動脈そのものであった。「往来を便利にして、自然ニ土地の繁昌を致し、塔之沢も湯本も七湯一様に其幸を受くべき事なるに」と、目先のきかない地元の人間をこきおろしながら、それはまた彼らにたいして生きる経済指針をあたえていたことになる。

「経済人」への自覚を

諭吉が湯場の人びとを「ばか」「たわけ」「無学」「欲深さ」とこきおろしていたのは、たんに侮蔑しているのではなく親身になって生き抜く知恵を彼らに提供しようとしていたその表現の裏返しであった。諭吉は、生産力をあげて世の中を良くしていくためには、知恵、知識が必要になってくることを説こうとしていたのである。

諭吉の新道提案に、地元の一部からの反論が、彼自身の耳に聞こえてきた。諭吉が「湯屋某の説」というその反論とは、新道をつくるには、「御上様へ御歎願」しなければ実現はむずかしいという趣旨のものであった。この説にたいし、諭吉は激昂し、批難の言葉を浴びせた。その文面は、怒り、心頭に発するかのような口調である。諭吉は、こう論破していく。すなわち、道づくりは「世の人の便利」をはかることであってみれば、誰が「一句の不の字」をいうか、「歎願もくそもいるものか、唯一村の届書にて沢山なり、政府を恐るゝも事と品とに由るへし」と。

ここで、諭吉が「政府」と書いているのは、足柄県のことである。その県の権力と権威、統治のルールを尊重するとしても、諭吉は、事（事情）と次第（なりゆき）、いいかえれば社会の利益と幸福を増進することにつながれば、県の裁量と決定をまつ必要はないという。諭吉は続けて「此度の一条ハ県庁にても満足すべきこと急度《きつと》請合なり、湯屋の考よりも政府の方には今少し知恵あるべし」とのべているほどである。諭吉のこの一文は、あきらかに、県知事柏木忠俊を意識し、その経綸を評価してのことである。

諭吉のこの叱責をこめた反駁は、「塔の沢湯屋仲間中」の文章のはじめの部分である。この一文に続けて、諭吉は、さらに東京の知人にも働きかけ、寄付の賛同をえて、おいおい寄付をつのる輪をひろげ、「箱根山に人力車を通し、数年の後にハ山を砕て鉄道をも造るの企」を実現することを公言していた。そして、「一銭を少しとせす百円を多しとせり」と募金の一文をつづっていたのである。

以下は、激怒に満ち満ちた文体とは調子をがらりと変えた諭吉の箱根道にこめるビジョンと提言である（『足柄新聞』第六号）。

世に友なきを患《うれう》る勿《なか》れ、昨日本文の相談を始るに、今日東京牛込の富田氏へ面会、この文を示したるに、同氏これを読終て唯善とし、頃刻《けいこく》の思慮をも費さずして即時に金拾両を出し道普請の用に寄付したり、これに由て見れバ、又他に同志の人も多からんと思ひ、富田氏と謀りて事の次第を記し、追々に世間の寄付を求て、此度の湯本塔の沢の道のみならず、箱根山に人力車も通し、数年の後にハ山を砕て鉄道をも造るの企をなさんとて、此一冊を塔の沢の湯屋仲間に預け置くものなり

三月十七日

一銭を少しとせず百円を論吉又記せり、苟《いやしく》も世を患るの心あらん人ハ多少の金を寄付して、其金高と姓名を左に記すへし

諭吉は長期計画のもとに道路政策を考えているかのようであった。それにしても、明治

のごくはじめに、数年後には、箱根山の峡谷を利用し、トンネルを掘って鉄道を通そうとする発想は、未来に実現可能なビジョンを裏打ちしながら現実的に対処していこうとするいかにも諭吉らしい物のとらえかたである。

箱根山塊に挑み鉄道を敷設するアイディアをえがき、その想いを文字に残した人間は、おそらく福沢諭吉がはじめてであろう。その諭吉の夢と希望がかなうのは、昭和の時代まで待たなければならなかったから、逆にいえば諭吉の着想がいかにすばらしいものであったかが分かろう。が、とにかく、諭吉が、さしあたり箱根山中に人力車が走る車道を建設しようと檄をとばしていることは、それだけ、湯場の人びとに、「経済人《ホモ・エコノミカス》」(homo oeconomicus)としての資質を身につけ眼を大きく見開かせようと、やっきになっていた証拠である。湯場に必要なのは「実践的合理的タイプ」の人間であるとみる諭吉は、彼らにかえって辛辣であった。

忠俊宛て福沢書簡の重み

新道建設に、諭吉が執念を燃やしていることは、柏木忠俊も知事としてすでに承知していた。諭吉が、新道について県庁も満足するに違いないと自信をもって断定的にのべていたのは、道路開削をめぐり、これまで何回となく議論をかわし、情報を交換してきたからであろう。その諭吉は、一八七四年

（明治七）の春、家族ら総勢三〇人ほどを引き連れて塔之沢に到着した直後、三月二〇日付で忠俊宛てに礼状をしたためた（『福沢諭吉全集』第二十一巻）。書簡の文章はごく短い。その文面の一節に「先日は途中失敬仕候」という言葉と「何れ一両日中罷出候積《つもり》」というくだりがみえ、それから類推すると、諭吉は、塔之沢に湯治へむかう途中、柏木のところを訪れ、そのさい受けとった贈り物へのお礼の意味と、いずれあらためて懇談する意思のあることを伝えたものでもある。それにしても、諭吉は道路問題に関心を寄せ続けていた。礼状の後に、諭吉は、「追伸」のかたちでこうしたためていた。

　尚以湯治中無為《なおとうじちゆうをもってなすことなく》、宿の主人湯本の九蔵へも相談、道普請の話しいたし居候。別紙は先日認め湯屋連中へ示し候書付に御座候。尚此義に付申上度事も有之、御閑の節御一覧被成下候様奉願候。以上。

見逃すことのできない付け加えの一文である。諭吉は、湯治中であるから、いたずらに時を過ごして手もちぶさたであるといっているが、それはさておき、文面にでてくる九蔵というのは、正兄のことである。ここで目をとめるべきことは、道路開削の具体的なプランと手続関係の文書が福沢の手元で用意されていることであった。おそらくこれらの書類が現存するとすれば、福住正兄関係文書からでてくる可能性はある。それにしても、諭吉の道路問題への入れ込みは尋常ではなかった。それにもう一つ指摘すべきことは、塔之沢、湯本では諭吉の唯一の相談相手は正兄しかいなかったという事実がここに証明されたことであろう。

ところで、福沢諭吉のこの書簡の「追伸」がものがたっていることがらは、年々その重みを増し、箱根山中の道路開削の引き金になっていた。そこで、その後の道路建設工事の顚末についてのべておくことにする。

まず、柏木知事が目論み、福住正兄が計画していた板橋村から箱根山中の畑宿を通って三島にいたる県の東海道の車道開削計画は、一八七六年（明治九）足柄県の廃止により実現しなかった。そこで、湯本－小田原間の道路改良は、正兄が道路開削を出願し、彼の組織した報徳式結社共同社の名義で一八七五年七月に工事に着手した。その間の事情について、正兄の記録をみると、こうある。まず二月二二日に「正兄小田原行人力車道ニ付出勤」とあり、六月一〇日、正兄は小田原にでかけ「人力道指令」を受けとって、七月一八日「車道工事着手」ということになっている（「日記」「同抜き書き」報徳博物館蔵）。

この車道が完成したのは一八八〇年（明治一三）九月、五ヵ年の歳月でようやく人力車が通れるようになった。また、諭吉の提案した湯本－塔之沢、そして木賀湯場の新道開拓計画は、基金一〇〇〇円を寄付した東京の杉山弘窓の好意をきっかけに、関係五ヵ村の戸長、総代人の連名で歎願書を提出し、一八八一年一一月には湯本－塔之沢の道路の建設は完了したもようである。こうして、諭吉の提唱してきた箱根の「近代化」施策としての道づくりは徐々に実を結んでいったことになる。

箱根山中の道路はその後、富士屋ホテルの山口仙之助が音頭をとり、一八八七年（明治二〇）末に塔之沢から宮之下まで開通し、さらに、芦之湯松坂屋の松坂万右衛門が計画し中心になって道路建設を推進した。宮之下から芦之湯を経て元箱根、箱根への七湯道は、一九〇四年（明治三七）五月に完成した。

塔之沢から箱根までの総距離は、約一八・九キロ、道幅はおよそ四・五メートルから五・四メートルで、名実ともに車道であった。この道路開削にあたっては、関係者はいずれも資金繰りに苦慮し、工事も、急峻な渓谷沿いの岩壁を切り崩し、峻嶮な山裾を削ったり埋めたてながら進めていくという難工事の連続であったらしい。悪戦苦闘の末の箱根七湯道の総仕上げということになる（『箱根七湯』）。

それにしても、福沢諭吉の「道路普請」の提唱は地域の民力、すなわち経済の生産力を高め、文明開化を推し進めていくうえでの見通しをもった生きた命題となっていた。またその提言を、現実をみきわめながら受けとめていった福住正兄の実践力とそれを継承していった箱根・小田原地域の実業家たちの底力も無視できない。いずれも、諭吉、正兄に共鳴する人たちである。そのなかには、さきの山口仙之助のように、アメリカから帰国して慶応義塾に学び諭吉から実業人になることを奨められてホテル経営にのりだした人物もいる（山口由美『箱根富士屋ホテル物語』トラベルジャーナル）。箱根七湯道づくりの試みは、近代日本の経済構図を地域からつくりだした有効な実験でありドラマであった。

『富国捷径』のしなやかさ

「富国安民」をめざして

福沢諭吉がふかい信頼を寄せるようになっていた福住正兄はまた、諭吉の時代を見抜くふかい洞察力、社会の変化をみきわめていく鋭い観察力と西洋学に足をおく諭吉のその学識を尊敬し、共鳴していた。正兄の諭吉への畏敬の念は、生涯変わることはなかったらしい。福住家の話では、後年、諭吉が逗留にみえたときに正兄は「紋付袴」で出迎えたとのことである。正兄自身も、たとえば一八九〇年（明治二三）六月二二日の条に「福沢先生被来泊」という表現をもちいていたほどである（「日記抜き書」）。

それにしても、富田高慶、斎藤高行、岡田良一郎とともに二宮尊徳の四高弟の一人であり、尊徳の言行についての忠実な「祖述者」とみなされている正兄が、諭吉の考えかた、見解と心の内面をつうじてどのように意気投合し、相互に親密なコミュニケーションをもつことができたのか、その事情をどうしても探ってみなければならない。そのためには、正兄が、一八七〇年（明治三）に『報徳道しるべ』『二宮翁夜話』とともに稿本としてまとめた『富国捷径《しょうけい》』の内容をとらえなおしてみる必要がある。

この『富国捷径』の稿本は、まず一八七二年（明治五）にその初編が公刊された。福住正兄述『富国捷径 初編全』（有隣堂発兌）が日の目をみたこの年の二月には、正兄といずれ因縁をもつことになる福沢諭吉の『学問のすゝめ 初編』が刊行されている。偶然とはいえ、二人にとって、それぞれ発想とか物の考えかたの基礎になる主要な作品が同じ年に発行されたことは、思いがけないめぐりあわせというしかない。

ところで、正兄の『富国捷径』は、一八八五年（明治一八）に福住正兄『報徳方法富国捷径 首巻全』（静岡報徳社蔵版）にいたるまで、この間計六冊が世の中に送りだされた。その構成は、首巻、初編、初編とその付録、二編、三編、四編となっていて、たとえば、三編は『富国捷径 三編 御神徳弁全』（報徳教会報本社蔵版）で刊行は一八七四年（明治七）であり、一八七九年に『報徳教会富国捷径 初編付録全』が出版されている。

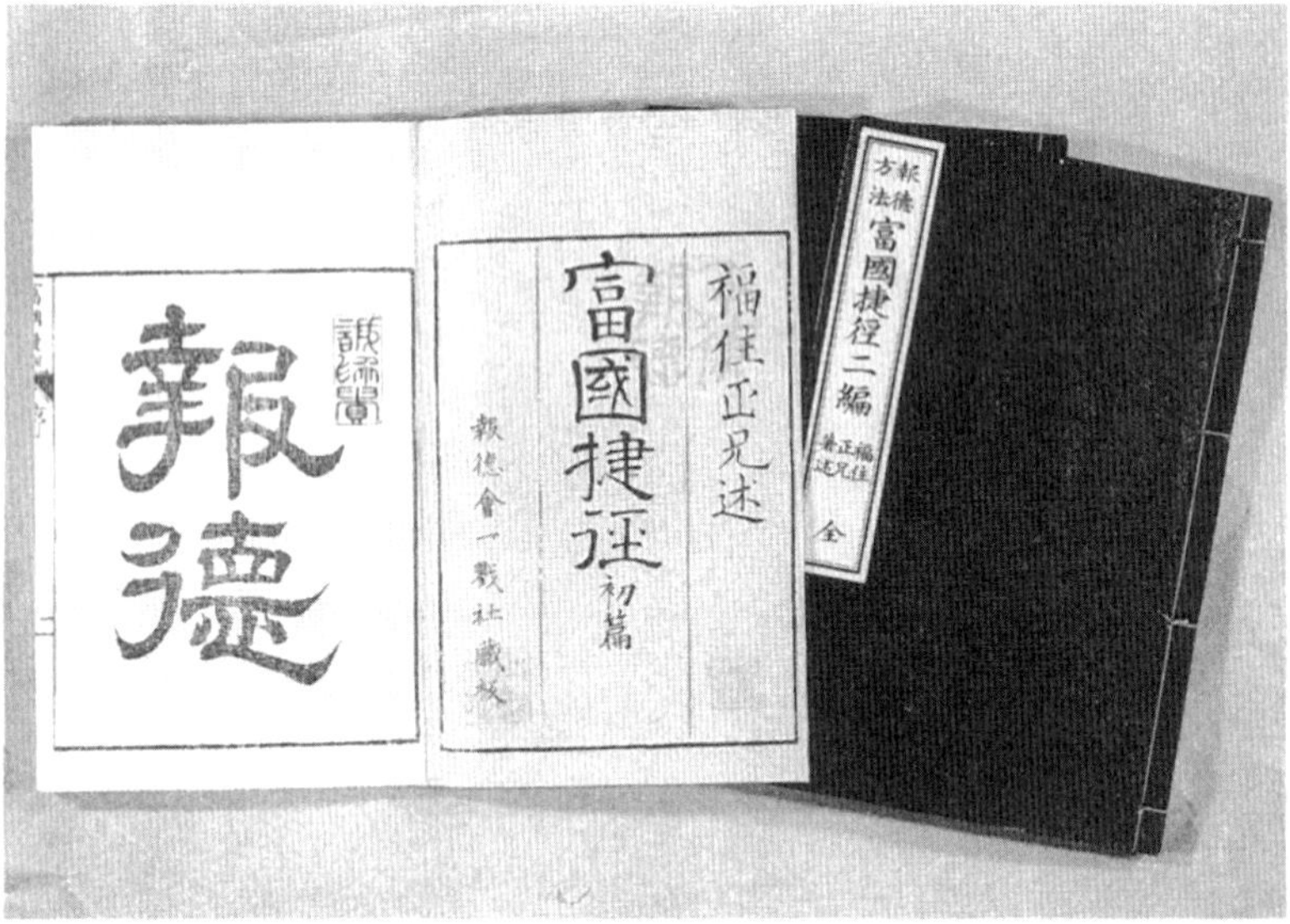

図13　『富国捷径』（報徳博物館蔵）

『富国捷径』の初編がでた年は、正兄が報徳仕法の目的をもって報徳社を報徳教会に名義替したときでもある。正兄は「権少講義」を命じられ教導職となった。この報徳教会は、各地に報徳結社を生みだしていくきっかけとなる。正兄は、さらに、これらの結社を統括する「神仏合体」の中教院を設立したが、報徳教会ともども、あまり振るわなかったという。そのなかで、正兄は『富国捷径』を二編、三編と印刷するだけでなく、一八七四年には『報徳道しるべ』をあらわし、報徳仕法の宣伝につとめた。この苦境のなかで、『富国捷径』の二編は印刷、刊行することが困難であったために、当時、一四歳四ヵ月の長男政吉（一一代目九蔵）が版下を書いたというエピソードもある（『福住正兄翁伝』）。柏木県政の改革の一翼を担い、福沢諭吉に心酔し、未来を切り拓く意気に燃える最中の正兄の苦悩が報徳教会の運営の側面に見え隠れしていた。

ところで、正兄が『富国捷径』という文字どおり「国富」を蓄積していくてぎわのいい方法をそれとなく提示しようとするこの本の内実はなにか。わたしが、かつて検討した四冊の『富国捷径』をふりかえってみても、正兄自身が本格的に身をいれてきた平田国学と復古神道を中心に報徳教を解釈していることは事実である。しかし、正兄の皇道イデオロギーの面からだけで、『富国捷径』を切って評価をくだすことはできない。むしろ、正兄が説こうとしているのは、新しい時代の殖産興業に報徳結社を積極的に参加させ、後述するように「下」から、すなわち「民間」「地域」から、「国富」の道をはかっていこうとすることであった。その発想法は、明治国家が音頭をとる官営企業を中心とする殖産興業政策とはあきらかに異なる。

報徳教の経済実践書としての『富国捷径』にこめる正兄の発想には、彼の説く「皇御《すめらみ》国《くに》」の国観念と一見矛盾するかのような私経済、すなわち民間経済を基本にすえているかのようである。正兄にとっての「国富」の形成は、国民一人ひとりの利益、幸福、安全と共生し、両立するところにあった。その意味で、正兄は尊徳の「分度」「推譲」の思想を近代資本主義の経済機構と運動のなかに組み替えていたといえよう。したがって正兄の経済観には、あきらかに「皇御国」論を越えた西欧近代、なかんずくイギリスの歴史経験が流れこんでいる。

結社づくりへの思いのたけ

報徳の教えの基本は道徳経済にある。正兄の『富国捷径』も、とうぜんのことながら、「国富」への道徳経済のアプローチ（接近）が鍵になる。そこで、正兄は、「富国ノ仕法」は、報徳の仕法としては遅いようであるが、実はいたって迅速であると説く。『富国捷径　初編』のはじめの方でこのようにのべる正兄は、続けてつぎのように議論を展開するのであった。

其仕法ハ前ニモ申通リ。先仲間ヲ結ブガ。始デゴザル。扨《サテ》仲間ヲ立テ。社ヲ結ブニ就テハ。其仲間ノ取極ガナケレハ。仲間ガタ、ヌ故。条約ト云フガ有ルデゴサル。其条約ニ。心裏ニ心懸《こころがく》ル条約ト。身体ニ行フ条約ト二ツアル。是《これ》ヲ仮リニ内則外則ト申スデゴザル。扨《さ》テ社ニ入ル者ハ。内則ヲ常ニ心ニ懸ケ。外則ヲ行フノデゴザル。

ここで注目しなければならないのは、「仲間」という考えかたを仕法の命題のキー・ワードにすえていることである。正兄が、ここで「仲間」を「結ブ」、あるいは「立テ」る、「取極」をおこなうといい、そして「条約」（約束）に目を向けるとき、あのアダム・スミス（Adam Smith, 1723–90）の〝フェロー・フィーリング〟（fellow feeling）をそこに二重写しにしてとらえなおすことができるような気がする。

A・スミスは、あらためて説明するまでもなく、一八世紀後半のイギリスの産業革命期、近代経済社会の機構と法則を解き明かした『国富論』（*An Inquiry into the Nature and Cause of the Wealth of Nations*, 1776）や『道徳感情論』（*Moral Sentiments*, 1759）の著作でよく知られ、古典派経済学の創始者とみなされ、この経済学を支える自由経済思想の始祖であった。明治初年、政府が「近代化」の模範国としてイギリスをとらえ、その制度、文物、思想を精力的に導入しようとはかっていたとき、スミスは重視されていた（水田洋・杉山忠平編『アダム・スミスを語る』ミネルヴァ書房）。事実、一八七四、七五年ころ政府のトップ・リーダーとして大久保利通も、岩倉使節団の副使として欧米を巡回し見聞してきたせいもあってか、イギリスの経済活動や制度にことのほか注目していたほどである（立教大学日本史研究会編『大久保利通文書』五、吉川弘文館）。それだけに、スミスの名は、すでに明治の初年に「斯密面」という漢字表記で、日本の知識人社会の内部に登場していた。

ところで、スミスのいう〝フェロー・フィーリング〟とは、そもそもなにか。この言葉は、日本語でいうと「同感」「共感」という意味で個人と個人との間における相互の尊重と理解を基調にすえた「仲間意識」というふうにみなされてきた。この〝フェロー・フィーリング〟がことのほか重視されるのは、個人が公共社会の一員であるという自覚にたち、近代の市民社会を創りだしてきた主体であるという認識への絆になっているからである。その意味で、〝フェロー・フィーリング〟は、社会的人間としての認識を育んでいく「近代人」としての感性そのものである。

正兄の説く「仲間」をつのって「結社」つくりあげていこうとする方式は、スミスが〝フェロー・フィーリング〟で語ろうとする「個」の強烈な自立とそこにいたるふかい自覚を前提にすえた理念をえがいたうえでのことであるのかどうか。あるいは、もうすこし一般的にいって、イギリスの近代思想の核心ともいうべき「我」の自覚、「個」の自立を基本に、「共同」すること「仲間」であることを媒介にする〝フェローシップ〟(fellowship) と共通する意味内容を、正兄は独自の発想として身につけていたのかどうか、その事情はつかみにくい。

にもかかわらず、正兄が「共同する力」「共同意識」を日常生活の場からつくりだそうとするその意欲とルールづくりと手続きを重視していることは、かぎりなくスミス流の構想力に近い。それというのも、おそらく、スミスの時代の波を嗅ぎわけていくその鋭敏な知覚を、正兄が共有しえていたからであろう。

スミスは、スコットランドがイングランドと合同（一七〇七年）後、一辺境の港町にすぎなかったグラスゴーが、世界の中心の港として脚光を浴び経済繁栄を誇っていくその時代環境の大転換の状況下で、ここに生まれ育ち、グラスゴー大学で「……からの自由」の空気を吸いながら青春を過ごした。自由と改革への息吹きを身につけ、未来を先取りする眼をそなえたスミスからみるとき、正兄もまたこれまでのべてきたように、逆境と荒廃の地を立て直した経験は、平田国学、皇朝学に彩られた報徳教にとどまらないだけでなく、もう一つの視角から新しい地平をみつめていたのである。その目のつけどころが、資本主義の経済関係であり、「御一新」下の開化の息吹きであった。ここに諭吉との出会いが大きな意味をもっていたのである。個人相互の結びつきを重視する「結社」はその実践への第一歩であった。

「利益」追求と「神」崇敬

福住正兄が報徳事業を推進していくうえで「結社」づくりに力を入れていくのは、明治改元後の新しい時代の風のもとで、社会の制度と状態が変転していく事態をみすえてのことであった。『福住正兄翁伝』のなかでも、かつての「大庄屋と庄民」との関係が「戸長と村民」というふうに変わり、「地主と小作」との間の結びつきが近代ふうな「貸借関係」と呼ばれるようになっていく時勢の変化にふれ、正兄の実家の大沢家も二宮尊徳流仕法の「万代不易の増益鏡」方式では新しい時代にそぐわないので困難を生じているとしるしていた。その事情を勘案すると、正兄の結社づくりの手法は、『福住正兄翁伝』が説くように、政治、経済の変化に順応した「応急仕法」の一つのあらわれであるかもしれないが、時代の変化をみきわめた正兄の考え抜いたすえのプランであったと、わたしは思う。

正兄は、『富国捷径　初編全』のなかで、こういっている。

大也小也社ヲ結ブニシクハナイ。故ニ呉々《くれぐれ》モ申合サレ。仲間ヲ立テ。共ニ々々善ニウツリ。開化ニ進ミ。相互ニ利益ヲ得テ。安楽ニクラシ。諸人中能《なかよ》ク。心ヨク今日ヲ送リ。又神様ヲ崇敬シ奉テ。幸福ヲ祈リ。悪事災難ヲ免レ。子孫繁栄スルヤウニ勤ルガ。専一ノコトデゴザル

この一節のなかには、たしかに、正兄の神道と民間の結合（社）とを関連させながら報徳教を殖産興業の要《かなめ》にすえていこうという意気込みがあらわれている。ただ、「利益」追求と「神様ヲ崇敬」するという二つの範疇を「又」という表現で結びつけているその「又」をどう解釈したらよいか、問題はその理解のしかたにかかってくる。

そこで、『富国捷径』を読みなおしてみると、『初編』の欄外で、正兄は、彼自身の説く「天ツ神地ツ神ノ徳」「天地ノ神ノ徳」「天照大御神」「天ツ神ノ御神慮」について、この名称は、それぞれ二宮尊徳のいう「天地ノ恩天地ノ徳」「天道」「天意」とまったく同じ内実であると釈明している。そのうえで、正兄は、神道の立場から報徳の道を執拗にのべていく。たとえば、人がこの世で安楽に生活できるのは、「皆己ノ力デハゴザラヌ。悉《ことごと》ク神様ト天子様トノ。厚イ御恩頼デゴザル」というふうに、正兄は説法するのであった。

人間の生活のすべてにまつわる現象を「神様」と「天子様」の「恩」に結びつけ、ここ

から報徳教に誘い、導こうとする論法は、正兄の著作のいたるところにでてくる。一つの範型として例示するとこうである。人間のそれぞれの身体は、「親ノ賜物」で、「魂」は「神ノ賜物」であり、衣食住が不自由でないのは、「先祖ノ御蔭」であり、「其先祖トイヘドモ、天ツ神国ツ神ノ御徳。又限リナキ」と。このいわば「神道報徳」の論法を問いつめていくと、もう一方で正兄が資本主義経済をみすえて課題にしている「利益」追求との論理整合性をみいだしていくのがむずかしい。

そこで、さきほど指摘した「利益」と「神」との範疇をつなげる表現として、正兄は、「又」を使っているが、おそらく、その意味合いは単純な接続詞にすぎないであろう。もし、二つの範疇を内在的に結びつける一種のこじつけ論法ふうに解釈するならば、実践と倫理の関係としてとらえなおしていくことができそうであるが、「利益」と「神」は等価交換式に関連づけることは困難である。

とくに、正兄が文明開化の時代を意識していることを考慮にいれれば、神道を前面に押しだした論法は、一つの観念と化し、殖産興業の資（もとで）となる「利益」追求の方法とはあいいれない。その点では、「利己」と「利他」、「営利」と「禁欲」の関係に厳しい目をくばり、〝プロティスタンチズム〟(protestantism) の〝エートス〟(ethos)、すなわち生活態度が、資本主義経済を推進しているイギリスふうな経済と宗教〝エートス〟の関係とはまったく異なる。それだけに、正兄の場合、尊徳の仕法の「分度」「推譲」を明治の新しい時代のなかで汲み上げ、文字どおり「富国」の「捷径」を問いつめていくとすれば、「天ツ神国ツ神」は、「利益」追求と理屈のうえでも実際にもくいちがいを生じるので、正兄自身のなかでも別個の次元であつかわざるをえなくなっていたかもしれない。

「結社式仕法」の実践性

人びとを集め結社をつくる正兄の報徳仕法は、「朋友相結」ぶ形を基本にすえている。この「朋友相結」論に正兄の説く「民間結合」方式による結社の特徴がひそんでいるといえよう。もちろん、その「結社式仕法」は、正兄が『富国捷径』の随所でのべているように「社」の上下関係にそって、一定の成果（善）をあたえていく論理が大前提になっている。

この「上より下に施す」効果があがればあがるほど、下位の「社」が「朋友相結」んで活力をもつことになっていく。そこで「社」の上下関係の位置づけを正兄の命名でひろいあげてみると、「元社」「分社」「支社」という順序だてになる。正兄は、『富国捷径』の初編の一ページの「結社ヲ勧ムル弁」の見出しがついている箇所の欄外に「此結社ヲ支社ト名付ク又元社分社アリ付録ニ詳ナリ」と書きとめていた。結社の中枢を下位の「支社」においているところに正兄の「結社式仕法」の真骨頂がうかがえる。いいかえれば、正兄はその「結社式仕法」の「朋友相結」ぶ関係とそこから生じる機能の持ち味を「支社」にもとめていたのである。

そのうえで、正兄はさきに紹介したように、「元社」「分社」についてはは付録でくわしく説明するとのべていたが、いま、一八七九年（明治一二）刊の『報徳教会富国捷径　初編付録全』でみると、以下のごとき内容になっている。まず、「元社」を置かざるをえないのは、「支社」が増加するにつれ、これらを統括すべき組織が必要になってくるからである。しかし、一つの「元社」が数百の「支社」を統括することは不可能で、たとえ統括が可能であるといっても、それは有名無実となり、そこで正兄は「分社」を設けざるをえないという。

この「分社」について、正兄はさらにこう説明する。すなわち、「分社」は報徳教会の「上等社」であり、「元社ノ出張所」である。「分社」に入社できる有資格者は、「自ラ損シテ人ヲ益シ世ヲ益セントスル上等人」でなければならなかった。その「上等人」というのは、「神徳皇恩国恩」に報いようとする志をもっている人、「積善積徳」を希望する人、「世ノ為人ノ為」につくそうと願う人、「貧窮ヲ救ヒ衰村ヲ興復」しようとする人を指すのである。また「支社」は、「分社」と異なり、「自他平等入社スル者」でなりたち、「我モ益ヲ得彼モ益ヲ得相共ニ利益ヲ得ルノ社」として規定づけていた。

　ところで、これらの結社にかんして「元分社則」という規則があり、「社」の規模を定めている。それによると、「元社」は東京有楽町神道大教院のなかにおき、全国の分社を管理統括し、「分社」は、相模分社、伊豆分社というように旧国々に一社ないし二、三社おき、一国もしくは数郡の支社を管理統括することになっている。そして、「支社」は一村もしくは数村に一社をおき、「数村ノ社徒」を管理することを定めていた。こうして正兄は、『富国捷径　初編』の方法を施行する「外則」としてつぎのようにのべている。

> 報徳善種加入ノ二集金ヲ積ミ資本ニ備ヘ道路橋梁堤防溝洫《こうきよく》ノ修理開墾種芸耕耘培養々蚕牧畜採礦及ヒ土性ノ転換新器械購求或ハ凶荒飢疫ノ予防窮乏補助衰廃興復等ニ力ヲ尽シ盛ニ農工ノ業ヲ奨メ物産ヲ蕃殖シ貨財ヲ輻湊シ務メテ国家ヲ富シ万性ヲ饒《ゆたか》ニシ虔《つつしみ》テ造化ノ神意ヲ奉体シ天地ノ化育ヲ賛成スルヲ主トス

　ここには、「造化の神意」とか、佐藤信淵の「心法」にもとづく「幽顕分界ノ神則」というような表現を掛け合わせて理解したとしても、文字どおり民間結合による殖産興業論が如実にあらわれている。そこでもう一度、正兄の「結社式仕法」をつらぬく殖産興業論と神道イデオロギーの関係を「元分社則」でとらえなおしてみると、正兄は神道優先の報徳教を説いているようにみえる。

たしかに、社則の第六款をみると、元社、分社の教会日（総会）の式次第《セレモニー》が明記され、正兄の神道偏重ともいうべき傾向がみえる。というのは、教会日には神坐を設け「天祖四柱大神ヲ鎮祭シテ拝礼シ次ニ教祖ヲ拝シ畢《オワリ》ニ教義ヲ講シ次ニ農書経済書ヲ講シ次ニ社中ノ事務ヲ議スルヲ常則トス」とうたっていたからである。しかも、「身を立て」る道につうじ、「村ぐるみ」の立て直しにもつながる正兄の「実利実行」の基ともいうべき「日課金」の醵出にあたっても「神徳皇恩国恩ニ報スルノ信ヲ表スルコト」（「元分社則」第七款）と定めていた。

このように、正兄はあくまでも「神道報徳」に執着しているようにみえるが、実は社中の富の蓄積という「実利」のまえに、「皇御国《すらめみくに》」論は、論理上からも連関をつけにくくしている。ましてや「結社」に加入していた人びとが、その資力の多寡にかかわらず「勤倹」（勤勉倹約）により醵出する「加入金」（三年ごとに返金）と「善種金」（無返済）の効力が社中の産業を振興し社中の利益をうながし、「貧富ノ和合」が「村ヲ富シ国ヲ富ス」ことになる事情を意識すれば、「神徳皇恩」の道徳律は、「実利実行」に形を変えて内在するだけにとどまる。

その意味でも、正兄の説く「結社式仕法」は、すでに正兄の盟友である小田原報徳社の福山滝助が主張していた「自治的庶民結社」（『福住正兄翁伝』）の性格をおびていた。まさに、「個」と「組織」を媒介として村々の農業と街、宿の商業を結ぶ近代経済を支え、生産力をたかめていく仕法であった。

躍動する『学問のすゝめ』

「実利実行」論と「実学」

福沢諭吉が『学問のすゝめ 初編』を執筆し終えたのは、周知のように、一八七一年（明治四）の末のことで、翌七二年二月に出版した。小幡篤《おばたとく》次郎《じろう》と共著のかたちをとっている。小幡は、諭吉が旧中津藩主奥平昌遇《まさゆき》たちと協議して設立した中津市学校と称する洋学校の初代校長で、この書物は、当初、この学校で使用するためのものであったらしい（『考証福沢諭吉』上）。このころ、諭吉は小田原、箱根地域に多大な関心を寄せ、塔之沢や湯本に足を運びはじめたころである。この事情についてはすでにのべたとおりであるが、それだけに、福住正兄が、短いこの『学問のすゝめ 初編』そのものと、諭吉の続編の構想をふくめ『学問のすゝめ』の考えかたについてじかに話をうかがって学んだ公算は大きい。

『学問のすゝめ 初編』の刊行時点での正兄の同書へのかかわりをつきとめるのは不可能である。にもかかわらず、正兄の『富国捷径《しょうけい》 初編』と『同三編』を読みかえしていけばいくほど『学問のすゝめ 初編』とふれあう面が浮かびあがってくる。

『学問のすゝめ 初編』は、岩波文庫版の表記法でつづると、「天は人の上に人を造らず人の下に人を造らずと言えり」という有名な文章からはじまる。この歯切れのよい一文は、長年にわたる封建身分制度への諭吉の挑戦そのものであり、近代自然権思想にたっていた。そして、この「革命」的宣言に続く最初の部分で、諭吉は、にもかかわらず、ひろく人間世界を見渡すと、実際には賢愚、貧富、貴賤の差があり、そのありさまは、「雲と泥との相違」に似ているとのべ、どうしてその差異が生じたのかと問いかけていた。彼は、その理由は、「学ぶと学ばざると」によるとか「学問の力あるとなきと」に由来すると答え、そしてこういうのであった。「人は生まれながらにして貴賤貧富の別なし。ただ学問を勤めて物事をよく知る者は貴人となり富人となり、無学なる者は貧人となり下人となるなり」と。諭吉のこの学問重視は、また、正兄が、すでにのべたようにこれまでいだいてきた教育論と共有できる論点であった。

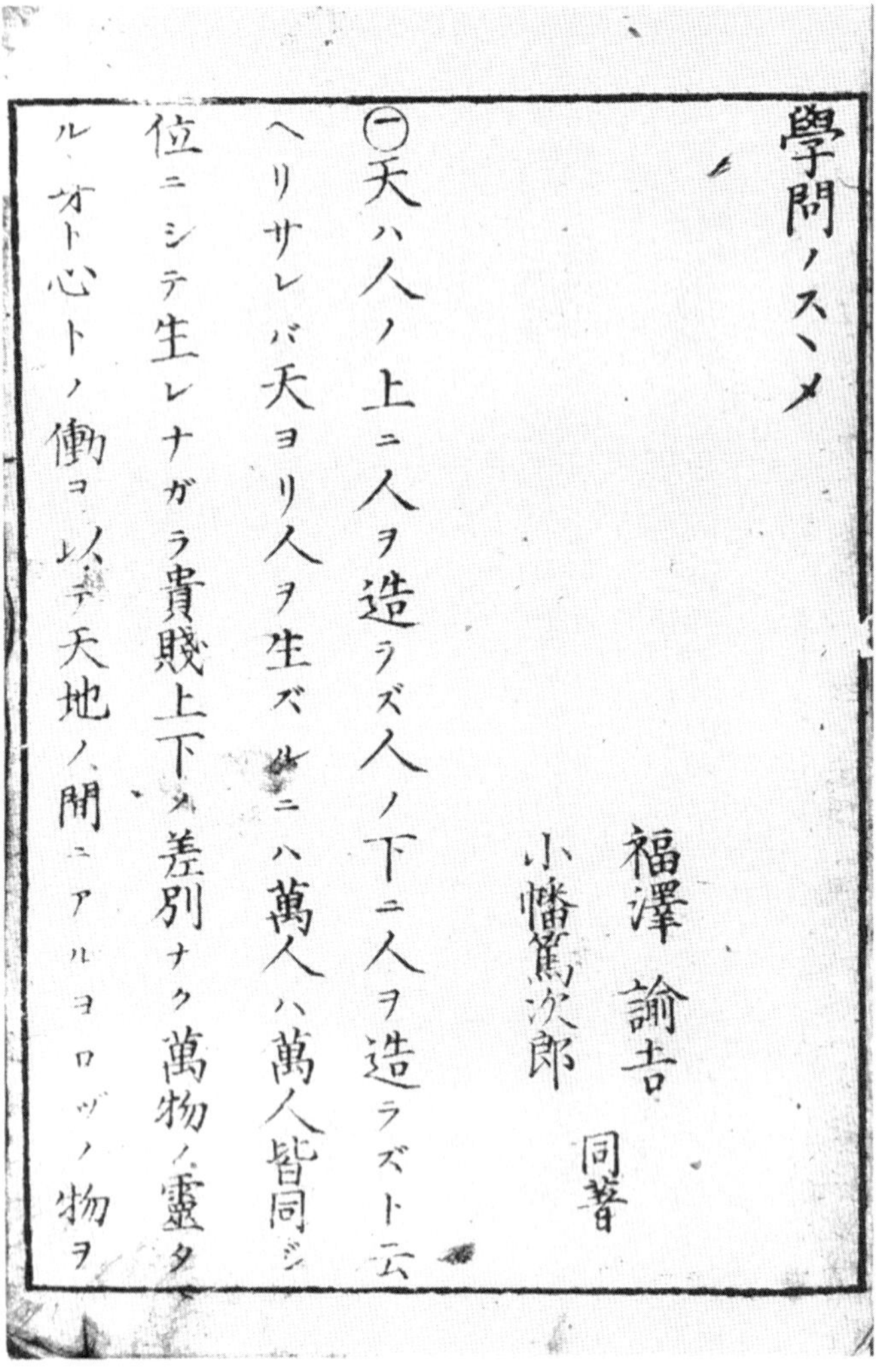
學問ノスヽメ

福澤諭吉
小幡篤次郎　同著

㊀天ハ人ノ上ニ人ヲ造ラズ人ノ下ニ人ヲ造ラズト云ヘリサレバ天ヨリ人ヲ生ズルニハ萬人ハ萬人皆同ジ位ニシテ生レナガラ貴賤上下ノ差別ナク萬物ノ靈タル身ト心トノ働ヲ以テ天地ノ間ニアルヨロヅノ物ヲ

図14　『学問のすゝめ 初編』の冒頭（慶応義塾福沢研究センター蔵）

正兄は、かつて二宮尊徳が門人たちにとくと説いていた「弁知タラバ速カニ行へ。未ダ弁知ラズハ幾度モ問」という文言を書きしるしていた（『富国捷径　初編』）。ことの是非、正否がはっきりしたならば、その理《ことわり》をただちに実践し、ことの筋道がつかめないならば、とことんまで問い続けよという意味で、正兄は経済から知性にかけての生産諸力の向上のために、この「弁」と「実行」の関係にふかくこだわっていたようにみえる。そこには、諭吉の学問観の基礎と一脈相通じるものがある。

ところで、問題は、その学問観についてであるが、諭吉はさきの文章に続けてこうのべていた。「学問とは、ただむつかしき字を知り、解し難き古文を読み、和歌を楽しみ、詩を作るなど、世上に実のなき文学を言うにあらず」と指摘したうえで諭吉は、「今かかる実なき学問は先ず次にし、専ら勤むべきは人間普通日用に近き実学なり」とその学問観を提示していた（福沢諭吉『学問のすゝめ』岩波文庫）。

このあまりにも著名な諭吉の「実学」論は、これまでも多くの人びとから注目されてきた。そしてここから、福沢諭吉の学問論が卑俗な現実的功利主義とみなされ批判の対象となったり、逆にこの見解が俗流解釈として再批判されたり、長い間にわたる「福沢学」の争点の一つとなっていた。もっとも諭吉は、古文、和歌、詩歌を無下にあしらっているのではない。これらの文学が人の心を豊かにし、たいへん調法なものであることを認めたうえで、諭吉は、このような「実なき学問」はあとまわしにして、「実学」を優先させることを提唱しているのである。彼は、たとえばということで「いろは四十七文字を習い、手紙の文言、帳合の仕方、算盤《そろばん》の稽古、天秤の取扱い等を心得、なおまた進んで学ぶべき箇条は甚だ多し」と、分かりやすく具体的に強調していた。

諭吉が「人間普通の実学」の普及を力説する意義がかぎりなく大きいことは、すでに丸山真男「福沢に於ける『実学』の転回」が指摘しているように、はじめて他人の労働に寄食する生活を前提とする学問からの解放を宣言し、福沢諭吉のいう「自ら労して自ら食ふ」生活の真只中に学問をおいたということである（『丸山真男集　第三巻　一九四六〜一九四八』岩波書店）。

この卓技な論文についいては後でもう一度とりあげるとして、自分の労働によって生計を立てるという諭吉の「実学」の論法と似たような考えを、正兄も『富国捷径　初編』のなかで説いていた。「譬《たとえ》ハ天地間ノ道理ハ究メテテモ。食セザレハ飢《うえ》。着ザレハ寒イ。一文不知テモ稼サヘスレバ。飢寒ヲ免ル、世ノ中デゴサル」。正兄は、この一節の前提に、報徳教会が「実地正業」を尊ぶという原則と、報徳が「道徳経済」の教えであることをおいている。そのうえで、正兄も学問の重要性とともに、主体性をもった自己労働の必要性を強調していたのである。

「実験」精神と主体性

「学問の実用性」「学問と日常生活との結合」を説く福沢諭吉の「実学」論に着目し、鋭利な分析をほどこしたのは、前掲の丸山真男論文であった。丸山論文でまず目を引くのは、諭吉が、人びとの普通の生活と結びつく学問を説くだけにとどまるならば、諭吉の「実学」論はけっして斬新ではないと指摘し、その経緯をつぶさに立証していることであった。丸山は、日本人の伝統的態度は、学問の空虚な観念的思弁を忌み、実践生活に奉仕することにあったとみながら、「実学」を主唱したのは儒教思想のなかの程宗学（宋学）であると主張した。

「実学」が宗学となぜかかわってくるのかというと、そもそも抽象的な体系性をそなえていた宗学が日本に移入されて山鹿素行《やまがそこう》や熊沢蕃山《ばんざん》によりその観念的思弁的性格が批判され、学問と日常的実践の結びつきが現実化してきたことによる。このような学問の「『現実』的傾向」は、丸山の言い分によれば、古学だけでなく「知行合一」をとなえる陽明学から「学問事業」はそのきわめにおいては同じであるという見解にたつ水戸学にいたるまで一貫していた。その古学や水戸学のとなえる日常的実践はもっぱら武士階級を対象にしているから、民衆にむかって学問をすすめる諭吉の「実学」は異なるのではないかという批判がだされたとしても、「庶民生活と学問との結合」という点で、石田梅岩《ばいがん》の『都鄙《とひ》問答』に代表される「心学」がすでにあると、丸山は論じていく。

このように、「実学」がアンシャン・レジーム（ancien regime）、すなわち旧制度の学問的伝統と無縁ではないと強調する丸山は、諭吉の「実学」の「真の革命的転回」を模索したのであった。というのは、諭吉が学問の日常的実用性を提唱し、これを民衆の生活と結びつけたその努力は顕著であると評価する丸山も、このような面からのみ諭吉の思想をとらえていくならば、その「実学」はたかだか東洋的な「実用主義」にたって、これを新しい歴史の段階に適用させたにとどまるであろうとみていたからである。

諭吉の「実学」の内在的なものの発展を把握するだけではなく、学問と生活とがどのような仕方で結合し、その結びつきかたの要因である学問の本質構造の変化に目をすえて、丸山は福沢「実学」の精神を解き明かしていこうとする。その奥行きのふかい分析力は、丸山論文の独自の絶妙な謎解きにも似ているといえよう。丸山はいう。諭吉が探りあてた学問の「原型」は、数理的認識と独立精神であって停滞する東洋社会に欠けていた「数学的物理学」、つまりニュートン力学の体系と独立心であった。

ここから、諭吉の「実学」は、宋学、古学、心学、水戸学の「道」の教えを中核とする倫理学から、数理学への転回であるととらえる丸山は、諭吉が「根本的には近代的自然科学を産み出すような人間精神の在り方」を探究していたと考察する。丸山は、ヨーロッパ近代の精神の流れと自然を織りなしながら「近代理性」の行動的性格を表現する「実験精神」と、その実験をつうじて「自然」を主体的に再構成しつつ、たえず新領域に前進をとげていく諭吉の学問の範型と方法を分析した。それは、まさに、福沢諭吉の「実学」の「革命」的転回の本質であった。

諭吉は、丸山が鋭く分析したように、宋学などの「実学」を意識して、はたして独自の「実学」を打ちだしていたかどうか、その発想や論理についての丸山説は、わたしには測りかねるものがある。しかし、諭吉が、「実学」の近代性を意識していたことはあきらかである。

実際、諭吉は、「地理学」とは、日本の国内はもちろんのこと、世界万国の「風土道案内」であり、「究理学」(「物理学」)は「天地万物」の性質をみてその動きを知る学問であるというように、個々の学問の対象とする範囲と概念を明示していた。ここには、諭吉の「実学」論の特徴を知るうえでの手がかりがあるような気がする。

『学問のすゝめ 初編』にでてくる学問名は、「地理学」「究理学」のほかに「歴史」「経済学」「修身学」である。ちなみに、「歴史」は、くわしい年代記で「万国古今の有様を詮索」する書物であり、「経済学」とは、「一身一家の世帯」から「天下の世帯」を説いたもので、「修身学」は、自分の行為を修め、人と交際し、世の中を渡っていく「天然の道理」であると、諭吉は論じている。

これらの学問については、たいていのことは、西洋の翻訳書で間にあうがとのべた諭吉は、青少年たちには洋学に親しんでもらうことを強く望んでいた。そして、「実学」の道理と目的について、つぎのように人びとに訴えたのである（『学問のすゝめ 初編』）。

一科一学も実事を押え、その事に就きその物に従い、近く物事の道理を求めて今日の用を達すべきなり。右は人間普通の実学にて、人たる者は貴賤上下の区別なく皆悉《ことごと》くたしなむべき心得なれば、この心得ありて後に士農工商各ゝその分を尽し銘々の家業を営み、身も独立し家も独立し天下国家も独立すべきなり

諭吉のいう「人間普通の実学」は、すべての人間がわきまえなければならない「学」であり、それぞれの職業に励んで、一身の独立から国家の独立をはかるよう強く叫ぶものであった。近代的自立性を呼びかけたものである。

論吉は、学問としての「実学」をひろめていくうえで、「天の道理」「天然の道理」を重視し、この用語を『学問のすゝめ 初編』のなかで頻繁にもちいている。この言葉は、数理的物理認識とともに、諭吉の「実学」の近代性を知る鍵となる。

「天の道理」

「天の道理」は「天」(自然)から付与された自主、自由の理屈のことであって、諭吉は、すでに『西洋事情 外篇』において「天道の法則」とは、国や人種を問わず「人々自からその身体を自由」にすることであると力説していた。この自然権、自然法思想に立って、諭吉が人間をとらえ、なおかつ、「実学」のよってたつ洋学こそは「天然」のうちにきざし、数理的物理認識から事の善悪を説く人道を問題にしていたのである。諭吉の「実学」の近代性は、まさに、この「天の道理」の文脈のなかでとらえなおしていくことが必要になってくる。

しかも、『学問のすゝめ』は、新しい文明開化をめざす改革の時代の学問のありかたを説く書であった。諭吉は、学問をするには「分限」を知ることが肝要であるとのべている。その「分限」とは、「天の道理」にもとづき、「人の情」にしたがい、他人を妨害したり、迷惑をかけないで「我一身の自由」を実現することであった。

諭吉が「自由」と「我儘《わがまま》」とをはっきり区分けし「自由自在」の精神を生かす道は、「天の道理」にもとづく「分限」を知ることがなによりも大切であることを強調していた。ここに、さきにいいかけたように新しい学問の道を説こうとする諭吉の真骨頂があったというべきであろう。というのは、「究理学」「経済学」という数理的認識の学科とは異なる「修身学」についても、諭吉の見解は、伝統的な儒学の「修身斉家《しゅうしんせいか》」論ではなく、「自然的人間《ヒューマン・ネイチャー》」への認識にもとづき、個人の自由から出発して「社会的人間」にいたる道を指示するものであった。

まさに、イギリスの一七世紀後半の清教徒《ピューリタン》革命から名誉革命期にかけて生みだされた「近代人」形成の原理を聞く思いがする。そこには、個人の平等な生存権を説きつつ、自然状態では万人の万人にたいする闘争であるからその克服のために「契約」概念をもちだし、社会契約論の原点を提示したトマス・ホッブズ（Thomas Hobbes, 1588–1679）の思想や、近代の個人的自由を基本として、ホッブズの契約思想を「理性」の支配する自然法による立憲政治へと具体化していったジョン・ロック（John Locke, 1632–1704）を出発点とする一八世紀から一九世紀半ばにかけての近代思想の流れが裏うちされている。もしそうでなければ、「天の道理」は成りたつはずがない。

ところで、諭吉のもちいる「天の道理」「分限」は、近代イギリス思想を媒介にした理論や思想である。しかし、この用語は、日本の村むらに流れている日常生活のなかの伝統イメージで語ることもできる。たとえば、二宮尊徳は、「天道」と「人道」を明確に区分けし、この二つの部分から、前述した報徳仕法の実践の柱ともいうべき「分度」と「推譲」を編みだしていた。もちろん、尊徳のいう「天道」は木の葉が落ちるように「自然」におこなわれるもの、「人道」は「人為」によるもので、教えの道を講じたり、刑法を定め、礼法を制するという「作為」である。したがって、尊徳のいう「天道」「人道」の分けかたは、「徳」を「天の道」、それに報いるのが「人の道」であるという命題や前近代的な経済営為とあいまって西欧近代の観念とは異なる。

にもかかわらず、福住正兄は、尊徳から学んだ「天道」「人道」論に立ち、「天ツ神国ツ神ノ徳」の信念に燃えながらも、諭吉の説く近代観に満ち満ちた「実学」精神を身につけていた節がみえる。たとえば、正兄が「共心同力」「同心共力」を説くとき、「一厘ヅツデモ。百人ナラバ十銭ニナル。米も五勺ヅ、百人テハ。五舛アル。金ガ十銭ナラ。一寸人ノ助ケニナル。米モ五舛ナラ。廿人ノ腹ガ塞リマス」とのべるあたりは、数理的認識を媒介にして「天の道理」にもとづく「自然的人間」を「社会的人間」にとらえなおしているかのようである。また、報徳仕法の「日掛積金弁《ニチガケツミキンノベン》」の論理にも、『学問のすゝめ 初編』の底流をなし、目的でもある独立精神がみなぎっていて興味ぶかい（『富国捷径 初編全』）。

報徳ノ一心ニテ。少シモ私欲勝手ヲ思ズ。愛国一途ニ心懸ケ、一人一家シツヽ。富マシテ年ヲ果タナラハ。詰リ一村富有ニ成ルニ相違ナイ。（中略）貧富ノ間ガヨク和合スル時ハ。産物が夥《おびただし》ク生ズル故。富国ノ基ガ立チ追年盛大ニ相ナルデゴザル。

それぞれの結社の「日掛積金」は、社中の困窮を救い、災害や病難に対処し、学資に欠ける者、孤独者、廃疾者を救済し、無利息三ヵ年賦から一〇ヵ年賦払いの制度を運用して「社中の産業」をますます進めるためにあった。そして、「天下ノ万物。一切貧者ノ手」より生ずるとみて、富者の驕奢を牽制するとき、正兄の「結社仕法」にははっきりとその近代性を指摘することができよう。

『学問のすゝめ 初編』と福沢書簡

『富国捷径』の初編の公刊が一八七二年（明治五）であり、その後の正兄の近代経済観、結社観や実践をみていくと、彼は、新しい時代の変化を洞察しながら、資本主義経済の基礎の上に報徳運動を位置づけようとしていた。その考えかたは、A・スミスの思考方法にも一脈通じるものがあるのではないかと、わたしはみている。もちろん、正兄の『富国捷径』をスミスの『国富論』と同列に論じるわけにはいかない。『国富論』は、そのタイトルにもあるように、近代国家の富を蓄積していく原因、性質を究明するために書かれたもので、近代経済――資本主義の構造と機能、運動の法則をあきらかにしようとしたものである。正兄の力説する技術、方法を意味する「捷径」とは異なる。にもかかわらず、『国富論』を読んだはずもない正兄が、スミスにつながるものがあるとすれば、資本の蓄積、そのための生産諸力の向上をはかるために説く労働の生産性、利己心と利他心、営利と節約の思想のとりかたにかかってくる。しかも、正兄が、個人主義にもとづく近代西洋哲学を報徳思想にとりこんでいったのは、繰り返すことになるが諭吉から受けた影響にある。正兄がおそらく、『学問のすゝめ　初編』を熟読し、自身の糧にしていったことは間違いないであろう。

このころ、富田正文『考証福沢諭吉』上によると、『学問のすゝめ　初編』は多くの学校の読本として使われていったようである。また、府県庁から、この小冊子は学問奨励のための指針ともされていた。事実、前述したように、小田原の共同学校の教科書一覧のなかにも、『学問のすゝめ　初編』は、その一角を占めていた。ましてや、柏木忠俊知事がこの書を推奨しないわけはない。おそらく足柄県下の有為の青年たちは、山口左七郎をはじめ、こぞって『学問のすゝめ　初編』を手にしているはずである。

ところで、一八七三年（明治六）四月二日、諭吉は、塔之沢の福住旅館から正兄宛てに一通の手紙をしたためた。それは、『学問のすゝめ 初編』にかかわりのある文面で、この書簡は、福住家から報徳博物館に寄託された報徳関係資料の一つである正兄の冊子「しのぶく佐《さ》」のなかに綴じられていた。

この書状は、報徳博物館で発行している『報徳博物館 友の会だより』（二八号、一九九三年）に紹介された。手紙の原文はつぎのとおりであるが、以下全文に句読点をつけて、その内容を掲げておく。

拝呈　小生義、今暫く逗留、湯本へも罷出可申存居候処、本日東京より急用申参、明早朝出立候積り、遂ニ不掛御目、残念存候。両三日前、宅ゟ送参候拙著学問のすゝめ五冊、拝呈いたし候。御宿のかし本へ御供し奉願候。此段要用申上置候。若し御出府も御座候はゝ、御立寄奉待候也。以上

四月二日　　福沢諭吉

福住九蔵様

諭吉が塔之沢の福住旅館で筆をとったこの書状で当初、問題となったのは、年代が記してないので、いつの書かということであった。『友の会だより』の解説を執筆した館員の

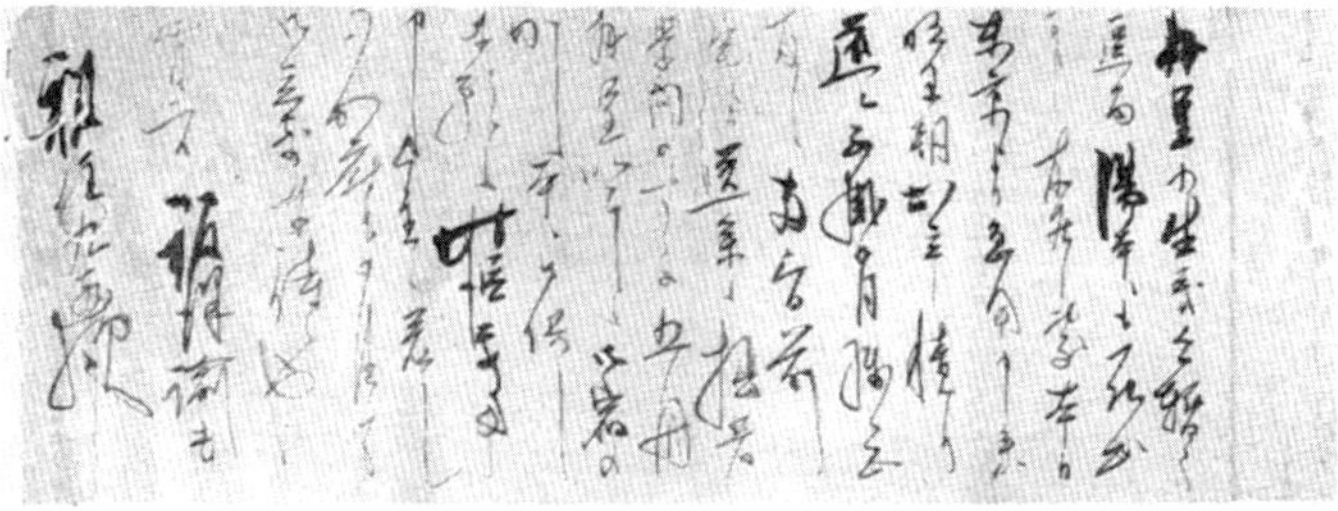

図15　福住正兄宛て福沢諭吉書簡（明治６年４月２日付，報徳博物館蔵）

宇津木三郎は一八七三年（明治六）と推定した。そのとおりで、諭吉が「東京より急用申参」としたためていたのは、「福沢諭吉年譜」（『福沢諭吉全集』第二十一巻）であきらかなように、篤次郎の実弟で諭吉が高く評価していた小幡甚三郎が一月末、アメリカで客死した報を四月二日に受け、急遽帰京せざるをえなくなった事情を指したものである。

諭吉が正兄に取り急ぎ書状をしたためたのは、予定に入れていた正兄との面談が不可能になったことの無念さによるものであろう。諭吉が、前述した「箱根道普請の相談」などを執筆したのは二週間ほど前である。おそらく諭吉は、道路建設や湯屋の主たちへの啓蒙について正兄と意見を交換したい意欲に駆られていたのであろうか。このときは、塔之沢から湯本へは、早川の仮橋が流されたままで、湯坂山の山路を迂回せざるをえず、諭吉は行きそびれたままであったのか、ともかく「残念至極」の真意が簡潔な文体からひしひしと伝わってくる。

また、この手紙で注目すべきことがらは、諭吉が前年二月に刊行した『学問のすゝめ初編』五冊を福住の貸本コーナーに寄贈していることである。ここから正兄が確実に『学問のすゝめ』を手にしていることが証明できる。ここであらためて正兄の『富国捷径』が福沢諭吉の影響を受けた、もしくは、受けつつあることを力説しておく必要があると、わたしは思う。報徳の実践書ともいうべきこの書の題名は、文字どおり「富国」へのはやみちで、正兄はそのなかで前述したように、さまざまな角度からその指針と方法をのべていた。そのさい、正兄のいう国観念は、「皇御国」であり、西欧、とくにイギリス流の近代国家、いいかえると、〝ネイション・ステート〟(nation-state) とか〝コモンウエルス〟(commonwealth)とは異なるが、彼の「富国」論の発想の根底には、諭吉のいう「一身独立して一国独立する」ことの考えかたと共通するものがあった。というのは学問に志し、独立の気力をたしかなものにしてこそ、一国の富強が保障されると説く諭吉の見解に、正兄の「実地正業」論がふれあうと思えるからである。

近代日本の形成への指針

地域にみなぎる「近代化」の波

「開化」の社会環境づくり

福沢諭吉と福住正兄とが旧西相模国で信頼の絆で結ばれ親しくなった意義はかぎりなく大きい。というのは、この二人は幕末、明治維新期の変革のうねりのなかで、地域での「近代化」の可能性を模索し、演出していたからである。しかもそれは、夢みるような議論の枠にとどまらないで、「近代」を実現する道の独自な青写真を提示した点で現実味がある。

地域における「近代化」への道は、諭吉と正兄の両人が知恵をだしあい、意見を腹蔵なく交換し、地域が直面しているさまざまな問題に手を打っていたそのみごとな詰めの答えであった。また、二人の動きとともに見逃せないのは、諭吉と親交をもち、維新このかた諭吉から多くのことを学び、諭吉も全幅の信頼を寄せていた柏木忠俊が居をかまえていたことである。というのは、忠俊は足柄県知事として小田原に赴任し、「近代化」のドラマの舞台を用意したからである。

政治家《ステーツマン》としての柏木の「近代化」に果たした役割については、この本ではほんの一部しかふれなかったが、県行政のトップ・リーダーとして「近代化」の制度や諸施設をつくりだした柏木の試みや治績には、目をみはるものがあった。

この事情を認めたうえで、わたしたちは、「近代化」に関心を示していく地域の受け皿にも目をすえていく必要がある。地域の「近代化」の営みを支え推進していく多様な階層の人びとは、福沢諭吉の薫陶を直接受けた青年たち、また、諭吉の書物、訳書で信奉者となった人びとであった。また、報徳人としての正兄に連なる進取の気性に富んだ実業人でもあった。なかには、諭吉と正兄の二人にふかいかかわりをもつ人物もいた。

西湘の地を支え、「近代化」の担い手の代表として本書でとりあげた山口左七郎、中村舜二郎といった人物のほか、さらに山口、中村らの考えかたや行動力から影響を受け改革に燃える青年群像が広い裾野を形づくっていた。その実態については、具体的に析出できないとしても、地域を動かす彼らの生き生きとした表情は、山口左七郎の『日記』の「その日しらべ」「その日ぐさ」に登場してくる人びとの言動から容易に想像することができる。

幕末、明治維新期の地域に活力をあたえ、経済から文化、教育の分野にかけての生産諸力をたかめ、「開化」の社会環境をつくりあげようと意気込む青年たちは、まさに、地域における「近代化」への起動力のエネルギー源であった。わたしは、小田原市周辺から二宮町、大磯町、平塚市にかけての旧西相模国の景観のイメージを煮つめ、社会事情を追体験するなかで、明治維新を起点とする地域の近代の創出事情をとらえなおす必要に駆られたのである。事実、地方《じかた》の諸資料を検討すればするほど「近代化」の道筋は地域と民衆の世界から再構成しなければ、その実情をつきとめることはできない。

地域の社会環境を重視し、一定の時間経過をたどりながら、民衆の「近代化」を指向するエネルギーを探りだす作業は、これまでそれほど多くはなかった。ましてや、地域を媒介にして近代づくりに燃える指導者《リーダーズ》や若い世代《サブ・リーダーズ》の心理や知的営為、生産諸力をたかめようとするその意欲と行動様式についての主体―内面への分析は、ほとんど手つかずのありさまであった。

事実、旧西相模国というふうに大雑把に一つの地域をくぎってみても、そこに伏流する

「近代化」への潜在エネルギーがあればこそ、転換期に悩みとまどう地域も活力を失うことはなかったのである。しかも、幕末から明治維新にかけて地域改革に乗りだしていた福住正兄や柏木忠俊、これらの指導者に共鳴する青年たちをつうじて、福沢諭吉の「西欧」を目安とする「もの」の見かた、考えかたは、地域に浸透していったのである。そのなによりの証拠は、諭吉の「実学」論が「生きた思想」として、地域経済の改善にとりくんでいる青年たちの生活意識《エートス》のひだに溶けこんでいる事実からとらえることができよう。

恵まれた自然・社会風土

地域に脈打つ「近代化」への動きは、どのように芽生えてきたか。このへんで、その事情にふれておくことにしたい。というのは、近代の地域の創出事情の立地条件と背景を究明したその歴史像の組み立てをあきらかにすることは、近代日本を生みだしていく事情や過程をえがきだすひとつの尺度になるからである。

幕末から明治初年にかけての諸地域を民衆の「日常生活圏」として設定してきたわたしは、この「生活圏」が村むらをどのように結びつけ、さらに、村むらのダイナミックなかかわりが人びとの「生活圏」をどう変容せしめてきたかをみきわめるようにしてきた。そのさい、わたしは、民衆の生活の条件を、自然災害のあたえる恐怖の面もふくめて規定してきた地勢や気象、河川の流れかたなどの自然風土とか、道路、集落の形をはじめとする社会風土のありかたを重視するようにつとめてきた。

このような観点から、当時の西相模国の地域の特性をふりかえってみることにする。北に大山《おおやま》、丹沢山塊の表側から西側にかけての高い幾層もの峰を仰ぎ、北から西南方面に箱根の外輪山と連山が聳え立ち、南に相模灘を擁するこの地域は、大磯丘陵をなかにはさみ、東に相模川（馬入川）、西に酒匂《さかわ》川という二つの大きな川が豊かな水量をたたえながら弧をえがき北の方から南に流れ、海に注いでいるという立地条件にある。そして、相模川と平塚宿をはさんで西を走る金目川（花水川）を軸に、大根川、鈴川、渋田川、玉川などの小川が、沖積層、波積層を形づくり生産力の高い水田、畑作をつくりだしていた。また、小田原の城下町、宿の東を流れる酒匂川を中心とする足柄平野は、水害に悩まされながらも、みごとな米作地帯を形成していた。

山と川と海と、さらにゆるやかな丘陵、台地、平野とが織りなすこの風光明媚な西相模国の恵まれた地形は、四季折々の気候のめりはりとあいまって、幕末には「開かれた」村々の関係をつくりだしていた。この状態をうながしていたのは、大小の河川が東西南北にわたり縦横に走っていたことと、陸上、海上の道が発達していたからである。

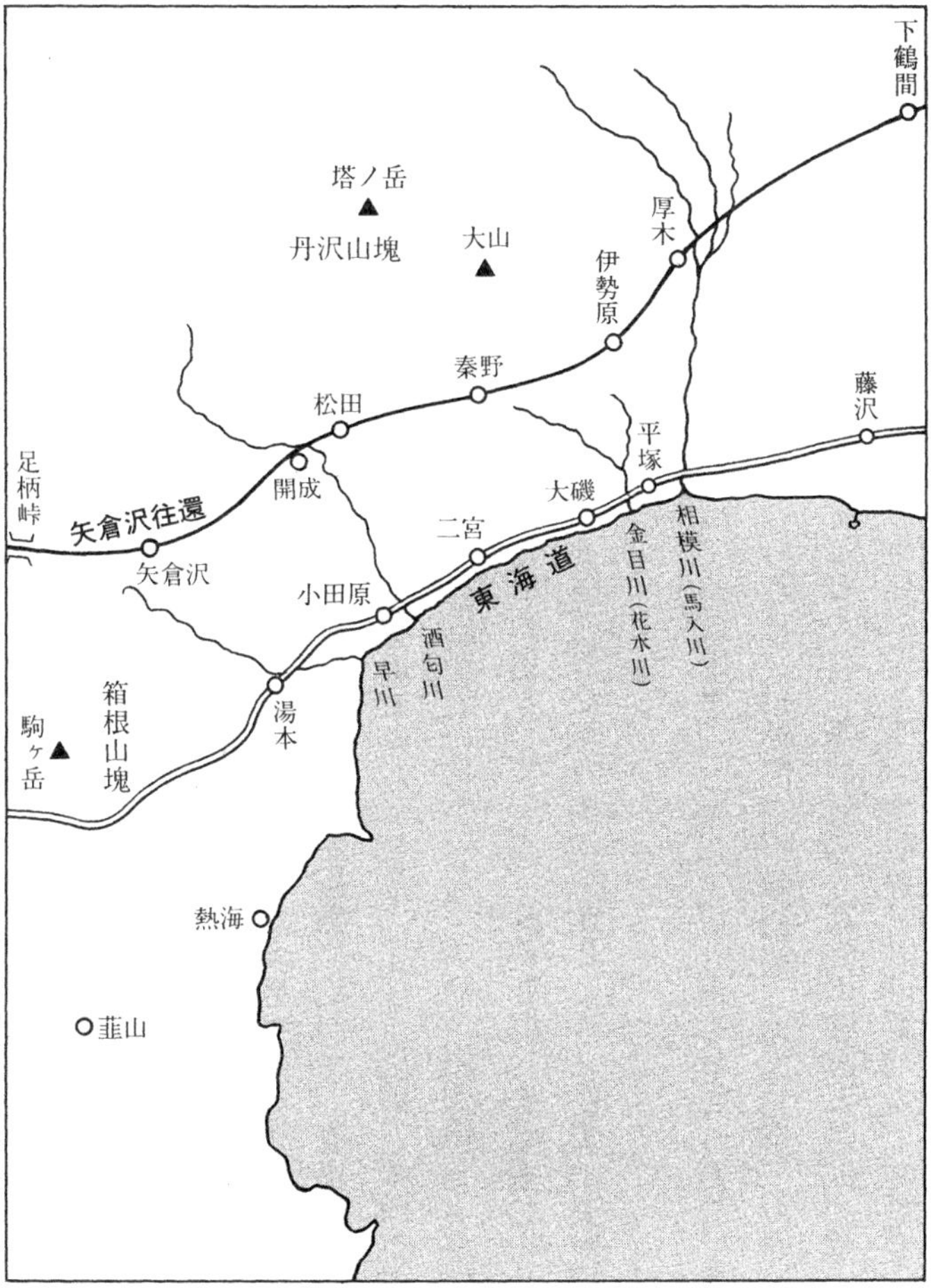

図16　神奈川県西部の略地図と東海道，矢倉沢往還

実際、西湘の地にぞくする大半の村むらは、大小さまざまないずれかの河川に支えられてきた。河川が村々を越えた人間交流の媒体になっていたと同時に、相模川にみられるように、材木、商品農作物などの輸送の動脈の役割を果たしたり、情報伝達と交流のルートになっていた河川もすくなくない。

さらに、この地方が年を追うごとに「開かれた」社会環境をつくりだしていった要件として道をあげることができよう。まず、東海道が相模灘に沿って、高座《こうざ》郡藤沢宿から、平塚宿、大磯宿、小田原宿を経て、箱根湯本にいたるというこの国の東西を貫き、各宿が「人馬継立の宿駅」としても重要な位置を占めていた。また、西相模国の海岸は、江戸鉄砲洲と伊豆国下田の海路のほぼ中間にあたっていて、最高四〇〇石積船の出入りできる相模川河口の須賀湊をはじめ海上の路の要港が各地に存在し、人と物資の集散地として繁栄をきわめてきた。

この二つの幹線があればこそ、西相模国の「開化」が促進されてきたのである。

もう一つ重要な道があった。それは、相模国の下鶴間《しもつるま》宿（現大和市）方面からいまの海老名市の国分《こくぶ》、厚木、伊勢原とたどって、善波《ぜんば》峠より秦野の曾野と丹沢の南山麓をとおって千村《ちむら》へ、そして川音川の谷沿いを下り、神山《こうやま》を越え松田惣領、さらに関本、矢倉沢（現南足柄市）を経て足柄峠にいたり、箱根をかすめて三島につながる矢倉沢《やぐらさわ》往還である。
江戸から駿河国にたっするこの往還は、西方では「箱根八里」が開通する一六一八年（元和四年）までは東海道の官道として利用されたらしい。しかも、矢倉沢には一五九〇年（天正一八）から幕末にいたるまで関所が設けられ、この道は、交通の基幹となっていた。事実、往還沿いの村々をみると、相模国中央部の経済の中心であり、小田原藩の年貢輸送、駿州、甲州、信州につうじる商品流通のルートであり、大山、富士山への参詣客も多く、人の往来もはげしかったらしい。

さらに、この往還は、東海道よりも江戸と三島間の距離が短く、幕閣関係の役人の通行も年々多く、したがってこの山間を縫っている往還も開国前後から新しい情報がゆきかっていた。幕藩体制が開港と海防問題に直面し大きくゆらぎはじめていくさまとか、一八五四年（嘉永七）の日米和親条約（神奈川条約）をきっかけに、アメリカ、オランダ、ロシア、イギリス、フランスとの一八五八年（安政五）の修好通商（航海）条約で有力な開港場となった神奈川の地での貿易をめぐる風聞は、新時代への気配をひろく相模国全域にかきたてていた。

幕閣の開明派官僚で伊豆国韮山《にらやま》の代官江川太郎左衛門（英竜）も、矢倉沢往還を利用して、韮山と江戸を往き来していたと伝えられている。

交通・通信網と情報化

一八三五年（天保六）代官職を世襲した太郎左衛門の支配地は、その当時、武蔵、相模、伊豆、駿河、甲斐の広範囲にわたり、二六万石にのぼるほどの権勢を誇っていた。しかしその一方で、物情騒然の世となり、領内の甲斐国で郡内騒動がひきおこされたり、国のレベルでみると、オランダ国王の開国要求や、外国船の日本近海への出没などで変動のきざしにさらされ、多難な時期を迎えていた。幕藩体制にとってこの危機状況のもとで、民政の改革に乗りだした太郎左衛門は、はやくから伊豆沿岸の防備策を幕閣に建策したように、海防に尽力したことはよく知られている。その熱意のせいか、一八五三年（嘉永六）、合衆国のペリーが来航したさいに、太郎左衛門は勘定吟味《かんじようぎんみ》役に抜擢されて海防掛に就き、建議した江戸湾防備策の品川砲台策が採用され、その監督にあたった。その身辺はにわかに気ぜわしくなった。

世界の情勢に通じ将来を見通す目をそなえ幕閣から重宝がられた太郎左衛門が矢倉沢往還を利用し、下鶴間の豪農長谷川彦八宅に宿泊したりしていただけに、新しい情報が相模国のあちこちに燎原の火のようにひろがり伝わっていった。しかも、蘭学を重視し、高島秋帆《しゅうはん》流の砲術を身につけ、韮山に反射炉を構築したり、種痘を奨励して、近代的な「強兵」の策から「福祉」にいたるまで、具体性に裏づけられた太郎左衛門らの行動は、彼の秘蔵っ子の柏木忠俊が明治にはいり相模国に登場するまでの「近代化」をうながしていく伏線となっていた関係をみのがすことはできない。

相模国の恵まれた幹線の交通・通信網は、この地の「開化」の雰囲気をつくりあげていく重要な媒体となっていた。しかし、それればかりではない。東から武蔵国と境をなす境川、相模川、金目川と酒匂川の流域にひろく展開している村々の米作、畑作の生産力は、自然災害や凶作に悩まされながらも、概して高く、幕藩体制下につちかわれたこの地の経済環境は、明治にはいってからの「開化」の基礎づくりの条件になっていたといえよう。

また、「開化」の網状組織《ネットワーク》になっているさまざまな川や道は、村々の閉鎖性を破り広域化を促していた。たとえば、河川の水系とその利用は、灌概用水利、あるいは治水事業などにとどまらないで、村を越えた人間の交流の媒体ともなっていたのである。たとえば、金目川沿いの北金目村ほか二七ヵ村の用水組合が組織されたのは、近世初期にさかのぼるが、その他、すでに大小さまざまな郷用水組合が存在しており、そこには、村の間の個別利害関係の対立、緊張をはらみながらも、村びとの連帯の輪をひろげる傾向もみられた

（『平塚市史5　資料編』近代(1)）

「近代化」への起動力を備えた相模国の社会環境を重視するのは、わたしたちは、明治維新以後、この地域において、本書においてとりあげてきた二つのことがらをさらに深めていく必要があるからである。

その一つは、徳川幕藩体制下の鎖国にかかわる開国の結果、経済・社会・教育制度から生活様式にかかわる欧米の文明の影響力がどのようにたちあらわれているか、その受容能力がどうであったかを検証していく課題である。この作業は、地域での伝統と「近代化」の相剋と融合の関係をとらえる手続きにもなっていく。もう一つ、明治維新以降においてわたしたちが見定めなければならないのは、明治政府が近代国家を構築するために矢つぎばやに打ちだしてきた政治、行政機構の創出、あるいは産業、経済、文化、教育などの諸政策、さらには生活慣行、風俗などの改革指令などが、地域においてどのように受けとめられてきたか、そのあたりの事情をあきらかにすることが、国を支えながら、地域がどう自立性をそなえていたかを掘りさげていく手がかりにもなってくる。

近代秩序づくりの実相

有力者層の指導性

明治維新の変革を地域でとらえていくさいに、わたしたちが留意しなければならないのは、維新政府が打ちだしてくる民政指導と政策を、地域の指導者やその追従者の民衆がどう受けとめていたかということである。たしかに、民衆を「朝民」と規定する政府は、取締りを厳重にし、動乱にともなう混乱と無秩序を防ぎ、新政府の権威をつくりあげようとしていた。それは、禁止事項をふくむ民衆への触書と合わせてみるといっそうはっきりする。この政府の政治指導の受皿として政府にも容認されていた底辺組織は五人組とみてよい。たとえば、一八六九年（明治二）六月の版《はん》籍《せき》奉還以前のデータをみると、田畑、山林の永代《えいたい》売買禁止をはじめ、社会生活上の風俗、慣習にかんする遵守すべきことがらとか、勤倹力行を中心とする私生活の規範など、近世の時代から引き継いだ内容の色彩が濃い。

新しい時代の到来のなかで、村によっては動揺をきたし、困惑と不安がそれとなく波打っていたところも少なくない。怠惰、奢り、賭博、野盗、野山荒しの悪習も跡を断たないし、政府への不信の渦もひろがっていた。

ところでその反面、地域は明治の「御一新」のもとで民力の発展に立ち向かう機会をとらえていた。すでに紹介した足柄県政はその典型例である。足柄下郡小田原町に県庁を置くこの県が脚光を浴びるのは、くりかえしになるが、「上下協和、民情暢達」を旗印とする知事柏木忠俊の治績によるところが大きい。また、その施政を可能にしていく社会環境と経済基盤がつくられつつあった。

ここに、一八七一年（明治四）の「足柄県管下の民情上申書」ともいうべき「上」と表記してある冊子がある（柏木俊孝家蔵）。この「上申書」は、裏表紙に、元〆役名主・小嶋壮三（三三歳）の名があり、小嶋がこのころの相模国の民情、民力の概況についてまとめ、県に提出したものと思われる。そこには、旧国内の人情は一つであるが、なかには「旧習」（長く続いてきた風習）をしたい、明治維新の趣旨が徹底していない憾《うら》みがあるので、それ相応の人物を選んで、「勧農」の職務を命じてもらい、不心得の人間たちに説諭し、政令がゆきとどくようにしたらどうかという意見がだされていた（『小田原市史 史料編』近代Ⅰ）。

「上申書」の中心部分は、したがって、津久井《つくい》、愛甲《あいこう》、大住《おおすみ》、淘綾《ゆるぎ》、足柄上・下と郡別に民力の事情にふれ、適任だと思われる指導者名をあげている。まずその顔ぶれを愛甲郡でみると、人物は厚木町（現厚木市）の溝呂木邦蔵《みぞろぎくにぞう》と妻田村（同市）の長野茂の二人となっていて、溝呂木にかんしては「少し文事も有之、淳朴之風有之人物御座候」という評価がなされ、長野については、「少し侠気有之候得共、実直之人物故、御用弁相立可申」と紹介していた。

また、大住郡では、尾尻村（現秦野市）の梅原修平、新（真）土村（同市）の松木長右衛門、片岡村（同市）の大沢精一の名前がある。大沢は、福住正兄の長兄にあたる人物で、「篤実正直ニ而 聊《いささか》も私情無之人物歟」とみなされ周囲から全幅の信頼を寄せられていた。梅原もまたそうである。さらに、一八七八年（明治一一）秋、県内に大きな衝撃をあたえ、後、泉鏡花の『冠弥右衛門』の作品にもなった真土事件（真土騒動）で冠ら二六名に屋敷を襲撃され、殺害された松木は、「少し侠気有之候得共、正直之人物故、御用弁相成被存候」とみなされていた。そこには、騒動を呼び起こす発端となった農民の質地（土地の質入）を自分名義にしていった松木のもう一つの顔がある。

足柄上下両郡については、小田原宿の小西次郎左衛門（正蔭）と福住九蔵（正兄）の名前があがっていた。この二人についての人物評は載っていないが、小西についてすこしふれておくと、正蔭は、第一区副戸長、町年寄を兼ねていた。沼津（現静岡県）に生まれた正蔭が、代々薬舗を営み、帯刀免許をあたえられていた小西家に養子にはいったのが一八四八年（嘉永元）、二〇歳のときであった。家督をついだ正蔭は、六三年（文久三）小田原藩庁御雇方取扱を命じられ、大久保藩政を町方から支え、明治改元後も町役として精力的に活動し、財力もしぼって街発展のためにつくし、信望を集めていた。その正蔭は、また、吉岡信之、福住正兄らと歌道発展につとめ、翌一八七二年（明治五）に学校吟味掛として、正兄や今井徳左衛門ら駅、宿の有力商人とともに学校の設立、管理運営の衝にあたっていた（『神奈川県史 別編1 人物』）。そして一八七九年（明治一二）、神奈川県会の初代副議長に選任されるほどの器量人でもあった。ちなみに、議長は、多摩郡野津田（現東京都町田市）生まれで、やがて武相懇親会をもち政社融貫社を組織して多摩地方の自由民権運動の中心人物となった石坂昌孝である。

ここに紹介したように、民間からの提案で、それぞれの地の名望家、有力者層のリーダーシップをうながしていったことは重要であった。法令、廻状類伝達の迅速化と徹底をはかり、「上下人情隔絶」の状況面を打開しようとするこの試みは、本書でとりあげてきた新しい地域づくりの若き指導者たちが輩出してくる事情の前提となっていた。

伝統の改革に「欧化」を

明治初年の地域で、社会改革をめざす積極的、創造的リーダーシップが生まれていくことは、まえにのべたようなこの地の幕藩体制下の高い生産力が、明治改元後も引き継がれていた事態と無関係ではない。この点について、さきの「足柄県管下の民情上申書」は、相模国の平坦部の事態について、こう説明していた。

大住郡　田方多ニ而富饒《ふじょう》之土地ニ御座候、淘綾郡　田畑当分之土地柄、足柄上下両郡波多野郷之内煙草産出、得水利田畑打開ケ、当国第一富饒之地可有之候

民力の基礎ともいうべき地味が豊かであることは、相模国の特性である。このように、物をつくりだす生産力の高さが保障されていることは、農作物の商品化をいっそううながし、資本主義の生産関係を生みだす条件ともなっていた。しかも、経済事情が豊かであることが、新しい時代にそくした社会的・文化的生産諸力を育てていく力と知恵の要件とな

っている。

相模国の経済事情をことのほか重視するのはほかでもない。福住正兄が、『富国捷径』の随所に書きしるしていたように、そこにこめている経済行動論は結社論もふくめて近代経済のみかたに裏打ちされていたからである。正兄は、すでにのべてきたように福沢諭吉の考えかたから影響を受け、地域の「近代化」を模索していたとはいえ、この地の民力の実状を直視し、現実的に将来への展望をえがきえたからこそ、近代への発想を身につけることができたのである。

正兄は、時代の変化を読みとり、資本主義経済の基礎のうえに報徳思想とその実践を位置づけようとしていた。正兄の説く「実利実行」論の精神と究極の狙いは、一貫して「皇御国《すめらみくに》」の富強においているが、その原点には、「一身独立」して「一国独立」する考えかたをとる諭吉の「独立の気力」がみなぎっている。その「気力」こそ、「自由独立」をめざす諭吉の強調する「国人たるの分を尽くさざるべからず」という「分に応じた気力」にほかならない。この事情は、さまざまな身分、階層、階級を包みこんだ正兄の前述した「結社」論をみればあきらかである。

正兄の経済観念と諭吉の実学思想の共通性がどのようになっているかを、検討していこうとすると、諭吉が一八七三年（明治六）に翻訳した『調合の法』という本をひきあいにだすことができよう。これは一八七一年（明治四年）にアメリカで刊行された商業学校の簿記の教科書で *Book Keeping* というのが原書名である。一八七一年といえば、アメリカ合衆国でも当時はまだまだ牧歌的で、福沢は早くもその国の企業の資産の増減、出納にかんする資本主義経済の記録の手法を訳していたわけである。

諭吉は『福翁自伝』のなかでも、このことについて触れているが、自分はこの簿記の本を訳したけれども自分自身は金を扱うことが非常に苦手であり、出納《すいとう》は自分にとってみれば、大変観念的なものである、といっている。当時、義塾の学生は家から金を何百円か送ってくると福沢に預けて、必要なだけ引きだしていたようであるが、諭吉はこれを箪笥《たんす》のなかにしまっておいたそうである。彼はその金をしかるべき所に預けておけばどうなるかということは判っていたが、そのまま美濃紙か何かで包んで箪笥にしまっておいて、学生が来るとそれぞれ渡すという、書生並みの経済観念であると自らいっていたが、そういいながら、『調合の法』を訳していたことは注目しなければならない。この『調合の法』を学ぶことは、日本の経済の「近代化」にとって重要な栄養素になることを、諭吉は見通していたのである。

事実、諭吉は、「ここで初めて西洋実学が日本で実ることになる、つまり実たる由縁となるのだ」といっている。一方、正兄も金をもうけて、利殖することをひとまず目標においている。そして、利益を社会的な資源に転化していくこと、長期計画にたつ個人の経済生活の資本に還元していくという考えかたが、正兄の観念の根底にある。二宮尊徳の「分度」「推譲」の思想を、資本主義化の経済機構のなかでとらえなおそうとする正兄の発想法には、伝統的な地域の「土着《ナショナル》」な流れに西欧の実学を接木していこうとする考えかたがにじみでていたといえよう。

地域の近代性の発想様式

福沢諭吉と福住正兄の思想が、すべて合致しているわけではない。そこで両者の違いについてもふれておかなければならない。まず、それは、「正兄には政治はないが、福沢には政治がある」ということである。福沢は政治について「政権と治権」という言葉を使って権力を分けている。「政権」は国の権力であって「治権」は地方の「治」。たとえば、外国との交渉であるとか、条約を締結する、あるいは外国から高位高官を迎えることなどは「政権」で、「治権」というのは、道路を造ったり、橋を架けたり、あるいは土地を改良したりという機能である。諭吉は、この関係について、国ばかり大きくなっても「治権」がなければ国は成り立たないとのべて、「治権」の独自性を強調していた。「治権」があってこそ国が存立するということは、「治権」は「政権」に従属するものではないという発想であり、地方政治の〝オートノミー〟(autonomy)、すなわち地方自治を重視することにほかならない。諭吉の考えかたをみていくと、「政権」と「治権」のバランスをとることに、たえず意をくばっていることが分かる。

この諭吉の政治観念にたいして、正兄は、すでに随所でふれたように「皇御国」を重視し、そこに「国家の富強」をもとめている。その発想は、あくまでも「富国」「富強」の価値観念であり、諭吉の説くような政治構想の筋道をもとめることはできない。

このような諭吉と正兄の政治観念の差異を認識し、かつ諭吉が「国家富強、一国独立」について説くところをさらに、『文明論之概略』などで読んでいくと、対角線上には西洋をしっかりととらえている点が正兄にはまだまだ希薄であることも事実である。

にもかかわらず、両者に共通する考えかたの土俵はひろい。諭吉が「一身独立する」ことの「立身」すなわち、「身を立てる」精神にかんして「独立の気力」を説くとき、その「気力」の発想法が、実は正兄の説く、「実利実行」の原点にも関連していることにあらためて注目する必要がある。

図17　『文明論之概略』表紙（慶応義塾福沢研究センター蔵）

この論点に関連して、諭吉があくまでも「自由独立」というとき、それは「それぞれの分に応じた気力」を指している。諭吉流にいえば、豆腐屋もいれば、大工などさまざまな職人もいる。漁師もいる。大地主もいる。それぞれの分に応じたということで、諭吉は、「国人《くにびと》たるの分を尽くさざるべからず」と説いている。それは報徳思想でいう「分度」につうじ、それは個人がやる気をもつかもたないかという課題になってくるわけである。諭吉と正兄との間の差は、政治構想があるかないかということにかかっていると説いてきたが、実は、地域における〝オートノミー〟に関連してくるとそこに共通項もみえる。というのは『学問のすゝめ』のなかにでてくるが、一八七四年（明治七）ごろ、諭吉が湯本―東京間を行き来しているとき、地域をみつめながら「経済の原則」という言葉を使っているからである。「定則」ともいっている。その語法は私流に解釈すれば、近代経済の元を形づくり、近代経済を支える「経済法則」ということである。

福沢諭吉は、『学問のすゝめ』第五編のなかで、その当時の訳語でいうと「ミッズル・カラス」（middle class）を重視し、その存在を評価している。その考えかたは、A・スミスの思考方法にも一脈つうじるものがあるし、さかのぼればダニエル・デュフォーの（Daniel Defoe, 1660?–1731）『ロビンソン・クルーソー』（*The Life and Stance Surprising*

Adventures of Robinson Crusoe) の「経済人《ホモ・エコノミカス》」の実像にほかならない。この階層は、要するに工場経営者、企業家で、ミドル・クラスというとブルジョアジーのことを指すわけである。これは国のなかの「人の中等に位する」(middle station of a life) というふうにいっているが、諭吉が問題にしていたのは、実際にイギリスの近代経済を切り拓いたのは、そういう産業資本家、ミドル・クラスの人達の知力である。しかし、日本の近代の夜明けを告げる明治の初めには、残念ながらこのようなタイプの「経済人」は存在しない。だから経済財政のトップ・リーダー大久保利通を先頭に、政府は官営工場を創出して「近代化」を進める音頭をとったわけであるが、諭吉は、それには必ずしも賛成ではなく、官の力と私の力との「平均」、バランスを作り出すことに目を向けていた。

正兄の考えかたも、共通していた。前述した『富国捷径』という書物のタイトルそのものが、諭吉の観念とよく似ている。なかでも重要なことは、『富国捷径』の第三編で、正兄が、諭吉のいう「『官と私』の、私の力が無ければいけない」ということに相当する「報徳協会は実地生業を尊むて（尊みて）ござる」というくだりで「民」の「実地生業」を強調している点である。この発想は、諭吉のいうスミスがミドル・クラスにイギリスの近代経済の担い手を求めたことと相通じる。そこには近代経済のまさに諭吉がいう「定則」が出ているわけで、あの「ロビンソン・クルーソー」にデュフォーが託していたミドル・クラスは正兄のいう「実地生業」の観念と二重写しになっている感がある。だからこそ、諭吉は、はじめの部分でいいかけたように、商人としての正兄に日本型ミドル・クラスの実像を求めようとしていた。諭吉は、正兄の生きかたのなかに、「私」＝民間の力をとらえようとしていたのである。

さらに、諭吉は『学問のすゝめ』第十六編（一八七六年〈明治九〉）のなかで「議論と実業」ということをとりあげ、「議論する」ということは「心に思っていることを〝書〟に表わすこと」と諭吉は説明するが、要するにイギリスの「天賦人権」論の流れを汲む思想が大きな影響力をもっていたことである。それを正兄が理解していないはずはないが、仮にその流れを観ていないとしても、どうも『富国捷径』の後の巻をみていくと、この考えは強く、「皇御国」論とそりが悪く、少し逸脱していく印象をもつ。

最後に、諭吉と正兄の発想の共通性という点で強調しなければならないことがある。それは、二人が民衆に「やる気を如何に起こさせるか」という啓発性を共有していたということである。

それから、この二人は「時代を見る」洞察力、時代の変化を観る眼が鋭かったということがいえよう。そして、遠くをみる目、つまり目先だけに捉われないで、長期計画をえがくことができる目を備えていたことにも注目しなければならない。こんなことに関連させて報徳の一番原点になる「天道と人道」という考えを諭吉の思想と二重写しにしてあらためてとらえなおしておく必要がある。

諭吉は「自然」というものを、「天道」にもおきかえて理解するような視点をもっていた。逆に、正兄の場合は、「天道」を「自然」として理解したといえよう。

ヨーロッパでいう「人道」に関係することでふれておかなければならないのは、「自然」にたいする「作為」といういいかたである。つまり「何々しなければならない」「せねばならない」という考えかたで、これもまた「人道」に置き換えることもできるし、また「人道」を「作為」につなげて見なすこともできよう。

地域において「天道」と「人道」の問題をみすえ、「天賦人権論」に立脚しながら、明治国家のたどる方向に警告を発しようとする諭吉は、旧相模国の「知力」のたかい豪家豪商の民権運動の推進力に共鳴し、やがて、新しいアイディアを提出していく。諭吉のこの地における活動の第二ラウンドである。いずれ、その動きをあきらかにしていかなければならない。

このようにみてくると、小田原、湯本を中心とするこの地域の「近代化」において、諭吉と正兄、そして足柄県の廃止にともない知事を辞め、韮山に帰郷していった柏木の役割は大きなものがあった。こういう人達のなかに蠢《うごめ》いていたものの考えかたが、明治政府の近代国家づくりとは対照的に、「近代化」づくりの大きな糧になり、かえって国を支える栄養素になっていたと、あらためて評価しなおさなければならない。

参考文献

この本のテキストとして、福沢諭吉にかんしては『福沢諭吉選集』全八巻（岩波書店）、『福沢諭吉全集』全二一巻、『同別巻』（岩波書店）があり、福住正兄については『富国捷径』全六冊（有隣堂ほか）、『二宮翁夜話』『報徳学内記』『蛙園庭訓集』をあげることができる。ここで、わたしが指摘するまでもなく、福沢研究は、新資料の発掘もふくめて年々精緻をきわめ、その数は尨大な量にのぼる。福沢の人間と思想の体系化を目指した先駆的業績も少なくない。また、福住をめぐっても、二宮尊徳をはじめ、その後継者である富田高慶（久助）、斎藤高行、安居院庄七、岡田良一郎、福山滝助たちとからめて報徳運動の文脈からとらえなおしてみると、研究の蓄積もかなり豊富である。

このような事情を承知したうえで、本書の参考文献は、主題にかかわるものだけにとどめた。ただし、後掲のリストのうち、機関誌については、少し説明しておかなければならない。

福沢諭吉協会の『福沢手帖』と『福沢諭吉年鑑』は、ともに今日の福沢研究の情報と動向を適確に伝え、編集水準もずば抜けて高い。その研究の特徴は、ひとり福沢にとどまらないで、論吉に連なる政治、実業、ジャーナリズム、文化、教育などの各分野の人脈を掘り起こしながら、エピソードや周辺資料を織りこみ、福沢の人となりと思想、福沢の世界《コスモス》を再構成している点にあると思う。また、慶応義塾福沢研究センターの『近代日本研究』は、同センターの『近代日本研究資料』とあわせてみると、これまた福沢諭吉の思想と精神がかたちづくった歴史文脈《コンテキスト》をひろく再構築しようとする努力を重ねている。しかも、福沢にかんする資料蒐集と保存手続きの能力は抜群に高い。

もう一つの『かいびゃく』は、小田原市にある報徳博物館内の一円融合会の機関誌で誌名の漢字は、「天地のはじまり」を意味する「開闢」と書く。『かいびゃく』の主要論文をみてもまた、二宮尊徳の思想や治績を再解釈するにとどまらないで、尊徳の後継者の人脈と彼らの足跡を洗いだし、現在の社会状況から報徳の思想と運動を再評価しようと試みているかのようである。

以下、参考文献を掲げることにしたい。

1 『かいびゃく』一円融合会、一九五二年・第一号（月刊誌、一九九六年一二月現在、通巻五三二号）
2 『福沢手帖』福沢諭吉協会、一九七三年・第一号（季刊誌、一九九六年一二月現在、通巻九一号）
3 『福沢諭吉年鑑』福沢諭吉協会、一九七四年・第一巻（年刊、一九九六年一二月現在、二三巻）
4 大久保利謙・金原左門編集『神奈川県史資料編11 近代・現代1』政治・行政1（神奈川県、一九七四年）
5 石田雄編集・解説『近代日本思想大系2 福沢諭吉集』（筑摩書房、一九七五年）
6 福沢諭吉『学問のすゝめ』（改版岩波文庫、一九七八年）
7 福沢諭吉著・富田正文校訂『新訂福翁自伝』（岩波文庫、一九七八年）
8 岩崎宗純『箱根七湯』（有隣新書、一九七九年）
9 児玉幸多責任編集『日本の名著26 二宮尊徳』（中公バックス、一九八四年）
10 『近代日本研究』慶応義塾福沢研究センター、一九八五年・第一巻（年刊、一九九六年度現在、一

三巻）
11　飛鳥井雅道『文明開化』（岩波新書、一九八五年）
12　杉山忠平『明治啓蒙期の経済思想―福沢諭吉を中心に―』（法政大学出版局、一九八六年）
13　金原左門編集『平塚市史5　資料編』近代(1)（平塚市、一九八七年）
14　大畑哲『よみがえる群像―神奈川の民権家列伝―』（かなしんブックス、一九八八年）
15　大畑哲編『続よみがえる群像―神奈川の民権家列伝―』（かなしんブックス、一九八九年）
16　田中彰編・校注『日本近代思想体系1　開国』（岩波書店、一九九一年）
17　山住正己編『福沢諭吉教育論集』（岩波文庫、一九九一年）
18　佐々井信太郎撰・佐々井典比古校訂『福住正兄翁伝』（復刻版、報徳文庫、一九九一年）
19　見城悌治「明治前期の報徳思想と福住正兄―平田派国学との関係を中心に―」（馬原鉄男・掛谷宰平編『近代天皇制国家の社会統合』文理閣、一九九一年）
20　金原左門・宮坂博邦・森武麿編集『小田原市史　史料編』近代Ⅰ（小田原市、一九九一年）
21　富田正文『考証福沢諭吉』上・下（岩波書店、一九九二年）
22　松沢弘陽『近代日本の形成と西洋経験』（岩波書店、一九九三年）
23　山口由美『箱根富士屋ホテル物語』（トラベルジャーナル、一九九四年）
24　福沢諭吉著・松沢弘陽校注『文明論之概略』（岩波文庫、一九九五年）
25　石川一三夫『日本的自治の探究―名望家自治論の系譜―』（名古屋大学出版会、一九九五年）
26　『丸山真男集』第三、五、一二、一三、一四、一五巻（岩波書店、一九九五、九六年）

あとがき

　福沢諭吉と福住正兄との出会いをめぐって、わたし自身が「異様」な思いで関心を寄せはじめたのは、一九七〇年代にはいってからではなかったかと思う。そのきっかけは、たしか一九六九年（昭和四四）二月中旬、神奈川県足柄下郡箱根町湯本の福住家・「万翠楼福住」を訪ね、正兄関係資料の予備調査をおこなったときである。神奈川県史編纂事業のための調査で、そのときは、若き日から地租改正研究で一家をなしていた故丹羽邦男さんと一緒であった。

　福住家の所蔵文書類にあたりをつけようとするこの予備調査は二日間にわたり、丹羽さんが報徳実践の経済・経営関係の文書を、そして、わたしが政治、社会、思想の面から正兄と報徳関連の資料、文献を調べていった。わたしたちが手分けをして作業を進めるうちに、わたしは正兄の報徳思想とつながりにくい文明開化や自由民権運動筋の新聞や雑誌がまじっていることに気づき、「おや」という思いに駆られた。正兄が、積極的に愛読したのか、それとも義理で購入したのかどうかは分からないとしても、民権関係誌紙をみてその「意外性」に目を見張ったことは、いまでも鮮やかに覚えている。

当時、わたしの常識的な固定観念にとらわれた発想では、前近代的な封建社会のモラルともいうべき報徳仕法の二宮尊徳につらなる正兄に、天賦人権論にもとづく民権思想が結びついていくことは思いもよらなかった。正兄と西欧文明、報徳と民権という関係イメージは、そのころのわたしにはとうてい理解できなかった。といって、その謎解きに興味がなかったわけではない。が、わたし自身が勤務先の長びく大学紛争の渦中にたち、その後、大学移転の責任ある仕事にたずさわらざるをえなかったので、その解明は、しばらく棚上げすることになった。

正兄をめぐる報徳と欧化、民権という関係の疑念晴らしの手がかりが案外手近にあるのに気づいたのは、この間一九七一年一二月中旬、静岡県田方郡韮山町の柏木家におもむいたときであった。本書でも言及した諭吉と親交のある柏木忠俊の関係文書の調査である。忠俊と諭吉にかんしては、ずっと後になって、わたしは「福沢諭吉と柏木忠俊——明治初年の『国政人《ステーツマン》』をめぐって——」（慶応義塾福沢研究センター『近代日本研究』第九号、一九九二年、後『日本史学年次別論文集　一九九三年版　近現代三』〈学術文献刊行会〉に再録）でかなりあきらかにすることができたが、それはそれとして、当時、謎解きの「手がかり」をえたというのは、諭吉と正兄と忠俊とをつなぐ輪の結び目をとおして、「近代化」と「土着」―「伝統」の古くて新しい命題を具体的に考える目途がついたからである。

西欧の近代経済と文明をモデルとする日本の「近代化」について、「土着」―「伝統」「ナショナルなもの」との関連のもとで検討する視角を重視してきたわたしは、地域に生き、地域に根ざして「近代化」を推進してきた人びとに注目してきた。そして、これらの人たちの態度《エートス》とか営為の分析をテーマの一つにすえてきたわたしは、その原型を諭吉、正兄、忠俊のかかわりかたの構図と改革姿勢にみいだしたような気もしている。

こうして、明治維新期に地域のなかを流れる「土着」の発想に「欧化」を媒介して近代の自立性をどのように実現しようとしてきたか、その動きを洗いだす必要にせまられた。いいかえれば、地域の「近代化」を推し進めた人びとの推進力《スラスト》の営為や考えかたを歴史の表層に汲みあげ、再評価していく作業である。この必要性は、わたし自身、三〇代の半ばに『神奈川県史』『茨城県史』の資料調査、編集、執筆に参加し、その後、『大和市議会史』『大和市史』『平塚市史』『小田原市史』というような自治体史の編纂にたずさわり、

「御用留」をはじめ厖大な地方文書《じかたもんじょ》や公文書、記録、文献類を検討するなかで、強まっていった。こういう経過をたどったためか、わたしは、福沢の「実学」思想をやや気ままであったが、地域で検証し意味づけようと思いたったのである。その最初の報告の機会が一九八六年（昭和六一）九月、小田原市建築協同組合、県建築士会小田原地方支部、県建築士事務所協会小田原支部主催の「シンポジウム都市づくり小田原21への提言」での報告「小田原の歴史と文化」であり、翌八七年一一月の小田原市主催の「尊徳生誕二〇〇年祭」シンポジウムであった。このシンポには佐々井典比古（報徳博物館館長、元神奈川県副知事）、大石慎三郎（学習院大学名誉教授）の二氏と参加した。

この福沢の実学思想の地域実験の効用とあわせて、諭吉の考えかたに共鳴の度をふかめながら、地域改革に奔走していく福住正兄の足跡をとらえなおそうということになった。その中間報告が、一九八八年一一月の第二回小田原市史編さん歴史講演会「ふるさとの歴史を訪ねて」である。「福住正兄と福沢諭吉――明治初期の小田原に与えた影響の数々――」というこの講演は、全体の三分の二ぐらいの内容に加筆して同じ主題で『おだわら――歴史と文化――』（第四号、一九九〇年）に掲載した。ここでの論点は、諭吉の「実学」思想と正兄の「実利実行」論の接点をさぐり、両者の近代経済観と発想様式の共通項においたのである。また、一九九二年（平成四）八月、小田原市で開かれた全国報徳団体連絡協議会主催の第二二回全国報徳大会は、正兄の一〇〇年祭にちなんで、正兄を現在から再評価しようとするシンポジウムをもった。その「福住正兄翁百年祭記念シンポジウム」には、建築学の吉田鋼市（横浜国立大学教授）、日本史学の見城悌治（千葉大学講師）の二氏とわたしがシンポジストとして参加した。わたしは、「明治初期における箱根・小田原地域の振興と福住正兄」という報告をおこなった。

明治維新の変革を契機とする近代創出をめぐって諭吉と正兄の関係を掘りさげていくと、新しい資料にぶつかり、史実の再解釈や歴史像の再構成につとめざるをえない。その一端として、わたしは、「福沢諭吉と福住正兄——新発見の福沢書簡をめぐって——」（『福沢手帖』七八号、一九九三年）、「福沢起草の『国会開設建言書』と小田原有信会文庫」（『福沢手帖』八四号、一九九五年）、「福沢諭吉と相州自由民権家」（『福沢諭吉年鑑』二二巻、一九九五年）をまとめる機会をあたえられた。また、一九九六年一月二〇日、交詢社で開かれた第六七回土曜セミナーで「福沢諭吉と国会開設請願運動」を報告することができた。

このような作業を経て、本書は生まれたわけであるが、時代対象を明治初年に限って書きおろしたのは、幕末、明治維新の変革の過程で、歴史の表舞台から消されてしまった

「近代」づくりのドラマに照明をあてようとする狙いであった。本書でとりあげた福沢諭吉、福住正兄と彼らにつらなる青年群像がとりくんだ「近代」づくり、地域おこしは、明治国家の形成を支えながら、もう一つの「近代化」の軌跡をえがいていた。

この動きを明るみにだすことこそ、フランス革命期の研究のメソドロジィーの表現をもじれば、明治維新という変革のなかで失われた「リンク」(環)を探しもとめるような試みである。それは、秘められたたんなる史実のヴェールを取り除く好事家もどきのものではなく、維新から明治初年にかけての同時代の根幹に影響をおよぼした現実を白日のもとにとりだす作業である。この「近代化」の可能性を模索する試みと実験こそは、その後に生きる人びとに大きな刺激をあたえる因果の糸をもたらした。また、今日の転換の渦中からみるとき、その「可能性」の内側に、維新変革期の活力溢れる青春の価値をみる思いがするのはわたしひとりではなかろう。

最後に一言。本書の主題にかかわり、これまで、叙述の機会をあたえてくださったり、資料の考証、解釈、推理にご助言やご意見をお寄せくださった方々は実に多くにのぼる。わけても、福沢諭吉協会理事の竹田行之氏にはひとかたならぬご配慮をいただき、数々の座談から多くのことを教えていただいた。また、慶応義塾福沢研究センターの内山秀夫元所長、西川俊作前所長、報徳博物館館長の佐々井典比古氏、同学芸員の宇津木三郎氏、小田原市立図書館司書係長の森徳行氏、神奈川県立公文書館郷土資料課課長樋口雄一氏には、種々お世話になった。さらに、元小田原市立図書館館長の川添猛氏、正眼寺住職岩崎宗純氏、万翠楼福住の福住淑子さんをはじめご協力をいただいた地元の多くの皆さんに、厚くお礼を申し上げたい。そして、原稿執筆から校正の時点にかけて、吉川弘文館の永滝稔・杉原珠海両氏にもいろいろご意見をいただいたりお手数をおかけした。あわせて感謝の意を表しておく。

一九九七年八月

金原左門

著者紹介

一九三一年、静岡県生まれ
一九五四年、東京教育大学文学部社会科学科卒業
一九六〇年、東京教育大学大学院博士課程単位取得修了
現在中央大学教授

主要著書
「日本近代化」論の歴史像　地域をなぜ問いつづけるか―近代日本再構成の試み　大正デモクラシーの社会的形成　大正期の政党と国民　昭和の歴史1　昭和への胎動

歴史文化ライブラリー
26

福沢諭吉と福住正兄
世界と地域の視座

一九九七年一〇月一日　第一刷発行

著者　金《きん》原《ばら》左《さ》門《もん》
発行者　吉川圭三
発行所　株式会社吉川弘文館
東京都文京区本郷七丁目二番八号
郵便番号一一三
電話〇三―三八一三―九一五一〈代表〉
振替口座〇〇一〇〇―五―二四四
印刷＝平文社　製本＝ナショナル製本
装幀＝山崎　登（日本デザインセンター）

歴史文化ライブラリー

1996.10

刊行のことば

現今の日本および国際社会は、さまざまな面で大変動の時代を迎えておりますが、近づきつつある二十一世紀は人類史の到達点として、物質的な繁栄のみならず文化や自然・社会環境を謳歌できる平和な社会でなければなりません。しかしながら高度成長・技術革新にともなう急激な変貌は「自己本位な刹那主義」の風潮を生みだし、先人が築いてきた歴史や文化に学ぶ余裕もなく、いまだ明るい人類の将来が展望できていないようにも見えます。このような状況を踏まえ、よりよい二十一世紀社会を築くために、人類誕生から現在に至る「人類の遺産・教訓」としてのあらゆる分野の歴史と文化を「歴史文化ライブラリー」として刊行することといたしました。

小社は、安政四年(一八五七)の創業以来、一貫して歴史学を中心とした専門出版社として書籍を刊行しつづけてまいりました。その経験を生かし、学問成果にもとづいた本叢書を刊行し社会的要請に応えて行きたいと考えております。

現代は、マスメディアが発達した高度情報化社会といわれますが、私どもはあくまでも活字を主体とした出版こそ、ものの本質を考える基礎と信じ、本叢書をとおして社会に訴えてまいりたいと思います。これから生まれでる一冊一冊が、それぞれの読者を知的冒険の旅へと誘い、希望に満ちた人類の未来を構築する糧となれば幸いです。

吉川弘文館

〈オンデマンド版〉
福沢諭吉と福住正兄
世界と地域の視座

歴史文化ライブラリー
26

2017年（平成29）10月1日　発行

著　者　金《きん》原《ばら》左《さ》門《もん》
発行者　吉川道郎
発行所　株式会社　吉川弘文館
〒113-0033　東京都文京区本郷7丁目2番8号
TEL　03-3813-9151〈代表〉
URL　http://www.yoshikawa-k.co.jp/

印刷・製本　大日本印刷株式会社
装　幀　清水良洋・宮崎萌美

金原左門（1931～）

ISBN978-4-642-75426-2